전면개정판 제36회 공인중개사 시험대비

박문각 공인중개사

이기명 핵심요약서

2차 부동산세법

이기명 편저

브랜드만족
1위
박문각
근거자료 후면표기

**20
25**

동영상강의
www.pmg.co.kr

합격까지 박문각
합격 노하우가 다르다!

제2편 지방세

제1장 취득세

제2장 등록면허세

제3장 재산세

제3편 국 세

제1장 종합부동산세

제2장 소득세 일반

제3장 양도소득세

제1편 조세총론

제1장 조세의 내용

제1절 조세의 정의 및 특징

❶ 조세의 정의

'조세'란 국가 또는 지방자치단체가 그에 필요한 경비충당을 위한 재정수입을 조달하는 목적으로 법률에 규정된 과세요건을 충족한 모든 자에게 직접적·개별적인 반대급부 없이 부과·징수하는 금전납부에 따른 경제적 부담을 말한다.

❷ 조세의 특징

(1) 과세주체(징수권자)

1) **국가(정부) : 국가가 부과·징수하는 조세를 국세**

   예 양도소득세, 종합부동산세, 인지세, 농어촌특별세, 상속세, 증여세 등

2) **지방자치단체(특별시·광역시, 도, 시·군, 자치구) : 지방자치단체가 부과·징수하는 조세를 지방세**

   예 취득세, 등록면허세, 재산세, 지역자원시설세, 주민세 등

   ✎ 국가나 지방자치단체가 아닌 대한적십자사 등 공공단체가 부과하는 각종 회비 등(예, 대한적십자사 회비 등)은 조세가 아니고 공과금에 해당한다.

(2) 과세목적

국가 또는 지방자치단체의 그에 필요한 경비충당을 위한 재정수입을 조달할 목적

✎ 위법 등으로 인한 벌금이나 과태료 등은 조세가 아니다.

(3) 과세근거

법률에서 정한 과세요건을 충족한 모든 자에게 부과·징수(= 조세법률주의)

과세요건 : 납세의무자, 과세대상(과세물건), 과세표준, 세율 등

(4) 직접적인 무보상성

직접적 · 개별적인 반대급부 없이 부과 · 징수.

다만, 국방 · 행정 · 치안, 의료 등의 간접적인 혜택은 받는다.

(5) 납부방법

1) **원칙** : 금전으로 납부

2) **예외** : 물납인정

· 국세의 물납가능 조세 : 상속세

· 지방세의 물납가능 조세 : 재산세(도시지역분 포함)

물납가능지방세	재산세
금액조건	납부세액이 1천만원 초과
물납신청	납부기한 10일 전까지 신청
물납재산	지방자치단체(시군 또는 자치구)관할구역내 소재하는 부동산 (시군 또는 자치구 관할구역내 소재하는 다른 부동산으로 변경신청 가능)

㈜ 지방교육세와 소방분 지역자원시설세는 물납대상에 해당하지 않는다.

[분할납부(분납)] : 납부기한까지 일부납부와 납부기한으로부터 일정기한까지 일부납부

분할납부가능조세	재산세	종합부동산세	양도소득세, 종합소득세
금액조건	250만원 초과	250만원 초과	1천만원 초과
분납기한	3개월 이내	6개월 이내	2개월 이내

㈜ 지방교육세는 본세인 재산세 분할납부 비율과 동일하게 분할납부가 되고, 소방분 지역자원시설세는 재산세가 분할납부하는 경우에 재산세 분할납부의 규정을 준용한다. 즉, 소방분지역자원시설세는 재산세 분할납부하는 경우에 납부세액이 250만원 초과하는 경우 3개월 이내에 분할납부가 가능하다.

제2절 조세의 분류

① 과세주체(징수권자)에 따른 분류

국 세	국가(정부)가 부과·징수 하는 조세로 국가의 재정수입 例 종합소득세, 양도소득세, 인지세, 농어촌특별세, 종합부동산세, 상속세, 증여세 등
지방세	지방자치단체(도, 시·군 등)가 부과·징수하는 조세로 지방자치단체의 재정수입 例 취득세, 등록면허세, 재산세, 주민세, 지역자원시설세 등

② 조세의 사용목적에 따른 분류

보통세	일반적 경비충당으로 목적세 이외의 모든 조세 例 양도소득세, 종합부동산세, 취득세, 등록면허세, 재산세 등
목적세	특별한 목적에 사용하기 위하여 부과·징수 ·국세 : 교육세, 농어촌특별세 ·지방세 : 지방교육세, 지역자원시설세

③ 조세의 독립성 여부에 따른 분류

독립세	다른 조세와 관계없이 독자적인 과세대상이 존재하는 조세 例 소득세, 종합부동산세, 취득세, 등록면허세 등 대부분 조세
부가세	다른 조세(본세)에 부수적으로 부과·징수 하는 조세 例 농어촌특별세, 지방교육세

[부가세의 예]

1. 취득세에 대한 부가세
   ① 농어촌특별세
      ㉠ 취득세 표준세율을 100분의 2(2%)을 적용하여 산출한 취득세액의 100분의 10
      ㉡ 취득세 감면세액의 100분의 20
   ② 지방교육세
      취득세 표준세율에서 100분의 2(2%)을 뺀 세율을 적용하여 산출한 금액의 100분의 20을 적용

단, 매매 등의 유상거래 원인으로 주택을 취득하는 경우에는 해당 세율에 100분의 50을 곱한 세율을 적용하여 산출한 금액의 100분의 20을 적용

2. 등록면허세에 대한 부가세
   ① 지방교육세 : 등록면허세 납부세액×100분의 20(20%)
   ② 농어촌특별세 : 등록면허세 감면세액×100분의 20(20%)
3. 재산세에 대한 부가세
   지방교육세 : 재산세 납부세액×100분의 20(20%)
4. 종합부동산세에 대한 부가세
   농어촌특별세 : 종합부동산세 납부세액×100분의 20(20%)
5. 양도소득세에 대한 부가세
   농어촌특별세 : 양도소득세 감면세액×100분의 20(20%)

❹ 과세대상 귀속에 따른 분류

수득세	수입과 소득을 과세대상으로 하여 과세하는 조세 예 소득세, 지방소득세 등
재산세	보유재산이나 이전되는 재산 그 자체에 부과하는 조세 예 보유재산(재산세, 종합부동산세, 소방분 지역자원시설세 등), 이전재산(상속세, 증여세 등)
소비세	재화나 용역의 소비행위에 착안하여 과세하는 조세 예 부가가치세, 개별소비세 등
유통세	권리나 재산권 등의 이전에 관련된 행위를 대상으로 과세하는 조세 예 취득세, 등록면허세 등

제3절 조세관련 용어

① 가산세

(1) 지방세의 가산세

지방세기본법 또는 지방세관계법에서 규정하는 의무를 성실하게 이행하도록 하기 위하여 의무를 이행하지 아니할 경우에 지방세기본법 또는 지방세관계법에 따라 산출한 세액에 가산하여 징수하는 금액을 말한다. 가산세는 해당 의무가 규정된 지방세관계법의 해당 지방세의 세목으로 한다. 다만, 지방세를 감면하는 경우에 가산세는 그 감면대상 지방세에 포함시키지 아니한 것으로 한다.

지방세기본법상 가산세는 다음과 같다.

유 형	가산세 내용
신고관련 가산세	· 일반무신고 : 무신고 납부세액의 100분의 20 · 일반과소신고 · 초과환급신고 : 과소신고한 납부세액과 초과신고한 환급세액의 100분의 10 · 사기나 그 밖의 부정한 행위로 무신고 : 무신고 납부세액의 100분의 40 · 사기나 그 밖의 부정한 행위로 인한 과소신고 : 과소신고분 납부세액의 100분의 40
납부지연 가산세	① 납부하지 아니한 세액 × 법정납부기한의 다음날부터 자진 납부일 또는 납세고지일까지의 일수 × 1일 이자율(100,000분의 22) 　→ 해당세액의 100분의 75를 한도로 함 ② 납세고지서에 따른 납부기한까지 납부하지 아니한 세액 또는 과소납부분 세액(지방세관계법에 따라 가산하여 납부하여야 할 이자상당액이 있는 경우 그 금액을 더하고, 가산세는 제외) × 100분의 3 ③ 납세고지서 납부기한으로부터 일정기간까지 납부하지 아니한 세액 또는 과소납부분 세액(가산세는 제외) × 100,000분의 22에 30을 곱한 이자율(매월 0.66%)× 체납월수 단, 납세고지서별 · 세목별 세액이 45만원 미만인 경우에는 당해 가산세를 적용하지 아니한다. 또한 60개월을 초과할 수 없다.

(2) 국세의 가산세

신고 관련 가산세	일반무신고	무신고납부세액의 100분의 20에 상당하는 금액
	부당무신고	무신고납부세액의 100분의 40에 상당하는 금액
	일반과소신고	과소신고납부세액의 100분의 10에 상당하는 금액
	부당과소신고	부당과소신고납부세액의 100분의 40에 상당하는 금액
납부 지연 가산세		① 납부하지 아니한 세액 × 법정납부기한의 다음날부터 자진 납부일 또는 납세고 지일까지의 일수 × 1일 이자율(100,000분의 22) ② 납세고지서에 따른 납부기한까지 납부하지 아니한 세액 또는 과소납부분 세 액 × 100분의 3 ③ 납세고지서 납부기한으로부터 일정기한까지 납부하지 아니한 세액 또는 과소 납부분 세액 × 1일 이자율 100,000분의 22 ×미납일수(납세고지서 납부기한 다음날부터 납부일까지) 단, 5년을 초과한 경우에는 5년간으로 한다. ◆ ①과 ③은 납세고지서별·세목별 세액이 150만원 미만인 경우에는 당해 가산 세를 적용하지 아니한다.

❷ 과세기간과 과세표준, 법정신고기한

(1) 과세기간 : 세법에 의하여 과세표준의 계산에 기초가 되는 기간

　📖 소득세(양도소득세 포함) 과세기간 : 매년 1월 1일부터 12월 31일까지

(2) 과세표준 : 세액산출의 기초가 되는 과세물건의 수량이나 면적 또는 가액

과세표준 × 세율 = 산출세액

(3) 법정신고기한 : 세법상 과세표준신고서를 제출할 기한

‖ 주요 세목별 법정신고기한 및 법정납부기한 ‖

1) 소득세(양도소득세 포함) : 당해 과세기간의 다음 연도 5월 1일부터 5월 31일까지 　다만, 부동산(토지나 건물)의 양도소득세 예정신고기한 : 양도일이 속하는 달의 말일로 부터 2개월 이내(부담부증여시 양도로 보는 부분은 달의 말일로부터 3개월 이내) 2) 취득세 　취득세 과세물건을 <u>취득한 날부터 60일</u> [증여로 인한 경우는 <u>취득일이 속하는 달의</u> <u>말일부터 3개월</u>, 상속으로 인한 경우는 <u>상속개시일이 속하는 달의 말일부터 6개월</u>(외 국에 주소를 둔 상속인이 있는 경우에는 9개월)] 이내에 　다만, 신고·납부기한 이내에 재산권과 그 밖의 권리의 취득·이전에 관한 사항을 공

부에 등기하거나 등록하려는 경우에는 등기나 등록신청서를 등록관청에 접수일까지

3) 등록에 대한 등록면허세

등록을 하기 전까지(등기신청서를 접수하는 날까지)

4) 종합부동산세

원칙은 정부부과세(납부기간 : 당해연도 12월 1일 ~ 12월 15일까지)

단, 신고납부를 하고자 하는 경우에는 당해 연도 12월 1일부터 12월 15일까지 신고납부

5) 재산세의 납기

① 건축물, 선박, 항공기 : 매년 7월 16일부터 7월 31일까지

② 토지 : 매년 9월 16일부터 9월 30일까지

③ 주택(부속토지 포함) : 해당연도에 부과·징수할 세액의 2분의 1은 매년 7월 16일부터 7월 31일까지, 나머지 2분의 1은 매년 9월 16일부터 9월 30일까지. 다만, 해당연도에 부과할 세액이 20만원 이하인 경우에는 조례로 정하는 바에 따라 납기를 7월 16일부터 7월 31일까지 한꺼번에 부과·징수할 수 있다.

3 전자신고, 수정신고 및 납기후신고(기한후신고)

(1) 전자신고

과세표준 신고서 등을 정보통신망에 의하여 신고하는 것을 말하며, 국세정보통신망(또는 지방세통합정보통신망)에 국세는 전송된 때(지방세는 저장된 때)에 신고되거나 청구된 것으로 본다.

(2) 수정신고

지방세기본법 또는 지방세관계법에 따른 법정신고기한까지 과세표준 신고서를 제출한 자 및 납기 후의 과세표준 신고서를 제출한 자는 지방자치단체의 장이 그 지방세의 과세표준과 세액을 결정하거나 경정하여 통지하기 전까지는 과세표준 수정신고서를 제출할 수 있다. 과세표준 신고서를 법정신고기한까지 제출한 자가 법정신고기한이 지난 후 2년 이내에 수정신고한 경우(과소신고·초과환급가산세만 해당하며, 지방자치단체의 장이 과세표준과 세액을 경정할 것을 미리 알고 과세표준 수정신고서를 제출한 경우는 제외)에는 다음에 따른 금액을 감면한다.

① 법정신고기한이 지난 후 1개월 이내 : 해당 가산세액의 100분의 90에 상당하는 금액

② 법정신고기한이 지난 후 1개월 초과 3개월 이내 : 해당 가산세액의 100분의 75에 상당하는 금액

③ 법정신고기한이 지난 후 <u>3개월 초과 6개월 이내</u> : 해당 가산세액의 100분의 50에 상당하는 금액

④ 법정신고기한이 지난 후 <u>6개월 초과 1년 이내</u> : 해당 가산세액의 100분의 30에 상당하는 금액

⑤ 법정신고기한이 지난 후 <u>1년 초과 1년 6개월 이내</u> : 해당 가산세액의 100분의 20에 상당하는 금액

⑥ 법정신고기한이 지난 후 <u>1년 6개월 초과 2년 이내</u> : 해당 가산세액의 100분의 10에 상당하는 금액

(3) 납기 후 신고(기한 후 신고)

<u>법정신고기한까지 과세표준 신고서를 제출하지 아니한 자</u>는 지방자치단체의 장이 그 지방세의 과세표준과 세액(가산세를 포함)을 결정하여 통지하기 전에는 납기 후의 과세표준 신고서를 제출할 수 있다. <u>과세표준 신고서를 법정신고기한까지 제출하지 아니한 자가 법정신고기한이 지난 후 6개월 이내에 기한 후 신고를 한 경우</u>(무신고 따른 가산세만 해당하며, 지방자치단체의 장이 과세표준과 세액을 결정할 것을 미리 알고 기한후신고서를 제출한 경우는 제외)에는 <u>다음의 구분에 따른 금액을 감면</u>한다.

① 법정신고기한이 지난 후 <u>1개월 이내</u> : 해당 가산세액의 100분의 50에 상당하는 금액

② 법정신고기한이 지난 후 1개월 초과 3개월 이내 : 해당 가산세액의 100분의 30에 상당하는 금액

③ 법정신고기한이 지난 후 3개월 초과 6개월 이내 : 해당 가산세액의 100분의 20에 상당하는 금액

❹ 체납처분비, 전자납부, 체납자 및 체납액

(1) 체납처분비

체납처분에 관한 규정에 따른 재산의 압류·보관·운반과 매각에 드는 비용(매각을 대행시키는 경우 그 수수료를 포함)을 말한다.

(2) 전자납부

지방자치단체의 징수금을 지방세통합정보통신망 또는 지방세통합정보통신망과 연계방식을 통하여 인터넷, 전화통신장치, 자동입출금기 등의 전자매체를 이용하여 납부하는 것을 말한다.

(3) 체납자 및 체납액

① 체납자 : 납세자로서 지방세를 납부기한까지 납부하지 아니한 자를 말한다.

② 체납액 : 체납된 지방세와 체납처분비를 말한다.

(4) 지방자치단체의 징수금

지방세 및 체납처분비를 말한다.

(5) 지방자치단체의 징수금 징수순위

체납처분비, 지방세(가산세는 제외한다), 가산세의 순서로 징수한다.

⑤ 용어의 정의

(1) 국세기본법상 용어의 정의

① 가산세 : 국세기본법 및 세법에서 규정하는 의무의 성실한 이행을 확보하기 위하여 세법에 따라 산출한 세액에 가산하여 징수하는 금액을 말한다.

② 강제징수비 : 「국세징수법」 중 강제징수에 관한 규정에 따른 재산의 압류, 보관, 운반과 매각에 든 비용(매각을 대행시키는 경우 그 수수료를 포함한다)을 말한다.

③ 공과금 : 「국세징수법」에서 규정하는 강제징수의 예에 따라 징수할 수 있는 채권 중 국세, 관세, 임시수입부가세, 지방세와 이와 관계되는 강제징수비를 제외한 것을 말한다.

④ 제2차 납세의무자 : 납세자가 납세의무를 이행할 수 없는 경우에 납세자를 갈음하여 납세의무를 지는 자를 말한다.

⑤ 보증인 : 납세자의 국세 또는 강제징수비의 납부를 보증한 자를 말한다.

⑥ 과세기간 : 세법에 따라 국세의 과세표준 계산의 기초가 되는 기간을 말한다.

⑦ 과세표준신고서와 과세표준수정신고서

ㄱ 과세표준신고서 : 국세의 과세표준과 국세의 납부 또는 환급에 필요한 사항을 적은 신고서를 말한다.

ㄴ 과세표준수정신고서 : 당초에 제출한 과세표준신고서의 기재사항을 수정하는 신고서를 말한다.

⑧ 법정신고기한 : 세법에 따라 과세표준신고서를 제출할 기한을 말한다.

⑨ 세무공무원 : 국세청장, 지방국세청장, 세무서장 또는 그 소속공무원 및 세법에 따라 국세에 관한 사무를 세관장이 관장하는 경우의 그 세관장 또는 그 소속공무원을 말한다.

⑩ 전자신고 : 과세표준신고서 등 국세기본법 또는 세법에 따른 신고 관련 서류를 국세청장이 정하여 고시하는 정보통신망을 이용하여 신고하는 것을 말한다.

(2) 지방세기본법상 용어의 정의

① 과세표준 : 「지방세법」에 따라 직접적으로 세액산출의 기초가 되는 과세물건의 수량·면적 또는 가액 등을 말한다.

② 세무공무원 : 지방자치단체의 장 또는 지방세의 부과·징수 등에 관한 사무를 위임받은 공무원을 말한다.

③ 납세의무자 : 「지방세법」에 따라 지방세를 납부할 의무(지방세를 특별징수하여 납부할 의무는 제외한다)가 있는 자를 말한다.

④ 납세자 : 납세의무자(연대납세의무자와 제2차 납세의무자 및 보증인을 포함한다)와 특별징수의무자를 말한다.

> 납세자 = 납세의무자 + 특별징수의무자

⑤ 제2차 납세의무자 : 납세자가 납세의무를 이행할 수 없는 경우에 납세자를 갈음하여 납세의무를 지는 자를 말한다.

⑥ 납세고지서 : 납세자가 납부할 지방세의 부과 근거가 되는 법률 및 해당 지방자치단체의 조례 규정, 납세자의 주소·성명, 과세표준, 세율, 세액, 납부기한, 납부장소, 납부기한까지 납부하지 아니한 경우에 이행될 조치 및 지방세 부과가 법령에 어긋나거나 착오가 있는 경우의 구제방법 등을 기재한 문서로서 세무공무원이 작성한 것을 말한다.

⑦ 신고납부 : 납세의무자가 그 납부할 지방세의 과세표준과 세액을 신고하고, 신고한 세금을 납부하는 것을 말한다.

⑧ 보통징수 : 세무공무원이 납세고지서를 납세자에게 발급하여 지방세를 징수하는 것을 말한다.

⑨ 특별징수 : 지방세를 징수할 때 편의상 징수할 여건이 좋은 자로 하여금 징수하게 하고 그 징수한 세금을 납부하게 하는 것을 말한다.

⑩ 부과 : 지방자치단체의 장이 지방세기본법 또는 지방세관계법에 따라 납세의무자에게 지방세를 부담하게 하는 것을 말한다.

⑪ 징수 : 지방자치단체의 장이 지방세기본법 또는 지방세관계법에 따라 납세자로부터 지방자치단체의 징수금을 거두어들이는 것을 말한다.

⑫ 특수관계자 : 본인과 다음의 어느 하나에 해당하는 관계에 있는 자를 말한다. 이 경우 지방세기본법 및 지방세관계법을 적용할 때 본인도 그 특수관계인의 특수관계인으로 본다.

　㉠ 혈족·인척 등 대통령령으로 정하는 친족관계

　㉡ 임원·사용인 등 대통령령으로 정하는 경제적 연관관계

　㉢ 주주·출자자 등 대통령령으로 정하는 경영지배관계

▶예제◀

1. 다음의 조세 중 일정한 요건이 충족시 분할납부가 가능한 조세를 모두 묶은 것은?

ㄱ. 취득세	ㄴ. 등록면허세	ㄷ. 재산세
ㄹ. 농어촌특별세	ㅁ. 종합부동산세	ㅂ. 양도소득세

① ㄴ, ㄷ　　　　　　　　　② ㄴ, ㄷ, ㅂ　　　　　　　　③ ㄱ, ㄷ, ㅂ
④ ㄷ, ㅁ, ㅂ　　　　　　　⑤ ㄷ, ㄹ, ㅂ

Solution ④

분할납부 : 납부기한까지 신청하여 납부기한까지 일부납부와 납부기한으로부터 일정기한까지 일부납부하는 것을 말한다.
(1) 국세 : 양도소득세 예정신고 및 확정신고(1천만원 초과, 2개월 이내), 종합부동산세(250만원 초과, 6개월 이내)
(2) 지방세 : 재산세(250만원 초과, 3개월 이내)

2. 국세기본법상 또는 지방세기본법상 가산세에 관한 설명으로 옳은 것은?
① 지방세를 납세의무자가 법정신고기한까지 과세표준 신고를 하지 아니한 경우에는 그 신고로 납부하여야 할 세액의 100분의 10에 상당하는 금액을 가산세로 부과한다.
② 지방세의 가산세는 해당 의무가 규정된 지방세관계법의 해당 지방세의 세목으로 한다. 따라서 지방세를 감면하는 경우에 가산세는 감면대상에 포함한다.

③ 지방자치단체의 장은 지방자치단체의 징수금의 부과·징수가 위법·부당한 것임을 확인하면 30일간의 기간을 두어 그 처분을 취소하거나 변경하여야 한다.

④ 국세에서 법정납부기한까지 납부하여야 할 세액 중 납세고지서에 따른 납부기한까지 납부하지 아니한 경우에는 납부하지 아니한 세액 또는 과소납부한 세액의 100분의 3을 적용하여 납부지연가산세로 적용한다.

⑤ 국세의 법정납부기한까지 납부하지 아니한 세액에 대한 납부지연가산세는 체납된 국세의 납세고지서별·세목별 세액이 45만원 미만인 경우에는 당해 가산세를 적용하지 아니한다.

Solution ④

① 지방세를 납세의무자가 법정신고기한까지 과세표준 신고를 하지 아니한 경우에는 그 신고로 납부하여야 할 세액의 100분의 20에 상당하는 금액을 가산세로 부과한다.

② 지방세의 가산세는 해당 의무가 규정된 지방세관계법의 해당 지방세의 세목으로 한다. 다만, 지방세를 감면하는 경우에 가산세는 그 감면대상 지방세에 포함시키지 아니한다.

③ 지방자치단체의 장은 지방자치단체의 징수금의 부과·징수가 위법·부당한 것임을 확인하면 즉시 그 처분을 취소하거나 변경하여야 한다.

⑤ 국세의 법정납부기한까지 납부하지 아니한 세액에 대한 납부지연가산세는 체납된 국세의 납세고지서별·세목별 세액이 150만원 미만인 경우에는 당해 가산세를 적용하지 아니한다. 다만, 지방세의 경우에는 납세고지서의 납부기한으로부터 일정기한까지 납부하지 아니한 경우에 매월 이자율 0.66%을 60개월 한도로 적용하며, 고지서별·세목별 세액이 45만원 미만인 경우에는 당해 납부지연가산세를 적용하지 아니한다.

제4절 조세의 납세의무

① 납세의무성립

법률상 과세요건(과세대상, 납세의무자, 과세표준, 세율)이 모두 충족함으로 특별한 절차 없이 자동적으로 성립하며, 추상적 납세의무로 조세를 부과할 수 있는 상태를 말한다. 즉, 세법이 정하는 바에 따라 과세표준의 산정 및 세율의 적용이 가능하게 되는 때이다.

국세	소득세	과세기간이 끝나는 때
	중간예납 하는 소득세	중간예납기간이 끝나는 때
	예정신고 하는 소득세	그 과세표준이 되는 금액이 발생한 달의 말일
	종합부동산세	과세기준일(6월 1일)
	농어촌특별세	본세의 납세의무가 성립하는 때
	가산세	① 무신고가산세 및 과소신고·초과환급신고가산세 : 법정신고기한이 경과하는 때 ② 납부기한까지 납부하지 아니한 세액에 대한 가산세 : 납세고지서에 따른 납부기한이 경과하는 때
	수시부과 하는 국세	수시부과 할 사유가 발생한 때
	원천징수하는 소득세	소득금액 또는 수입금액을 지급하는 때
지방세	취득세	과세물건을 취득하는 때
	등록에 대한 등록면허세	재산권 그 밖의 권리를 등기 또는 등록하는 때
	재산세, 소방분 지역자원시설세	과세기준일(매년 6월1일)
	개인분 주민세	과세기준일(매년 7월 1일)
	지방소득세	과세표준이 되는 소득에 대하여 소득세·법인세의 납세의무가 성립하는 때
	자동차세	자동차소유에 대한 자동차세는 납기가 있는 달의 1일
	지방교육세	과세표준이 되는 세목의 납세의무가 성립하는 때
	수시로 부과하여 징수하는 지방세	수시로 부과할 사유가 발생한 때
	특별징수하는 지방소득세	과세표준이 되는 소득에 대하여 소득세·법인세를 원천징수하는 때

② 납세의무 확정

납세의무자 또는 과세관청(정부 또는 지방자치단체)이 과세표준 및 세액을 구체적으로 결정(확정)하는 것을 말한다. 따라서 구체적인 납세의무라 한다.

(1) 국세

1) 신고납세제도(= 신고주의)

납세의무자가 법정신고기한까지 과세표준신고서를 제출(신고)함으로써 그 납세의무가 확정된다. 예 소득세(양도소득세의 예정신고 또는 확정신고 포함) 등

다만, 법정신고기한까지 신고가 없으면 과세관청(정부)이 과세표준과 가산세를 포함하여 세액을 확정한다.

2) 부과과세제도(= 부과주의)

정부(과세관청)의 결정에 의하여 과세표준 및 세액이 확정된다.
예 종합부동산세(단, 납세의무자가 신고하는 경우에는 신고하는 때 확정된다) 등

3) 자동확정

특별한 절차없이 납세의무의 성립과 동시에 세액이 확정 예 인지세 등

(2) 지방세

1) 신고주의 지방세

법정신고기한까지 납세의무자의 신고(신고서 제출)하는 때에 과세표준과 세액이 확정(신고납부방법) 예 취득세, 등록면허세 등

다만, 법정신고기한까지 납세의무자의 신고가 없으면 지방자치단체가 과세표준과 가산세를 포함하여 세액을 확정한다.

2) 부과주의 지방세

과세관청(지방자치단체)의 결정에 의하여 과세표준과 세액이 확정(보통징수방법)된다.
예 재산세, 소방분 지역자원시설세 등

❸ 납세의무소멸

과세요건이 충족되어 납세의무가 성립 및 과세표준과 세액이 확정된 조세채무가 없어지는 것을 말한다. 다음 중 하나에 해당하는 때에는 국세 및 지방세의 납세의무(또는 납부의무)가 소멸한다.

(1) 납부 : 세액을 납부

(2) 충당 : 납부할 금액을 환급금과 상계하거나 매각대금으로 체납액에 충당하는 것

(3) 부과의 취소 : 과세관청이 부당하게 부과한 조세를 취소함으로써 확정된 조세채무가 없어지는 것

(4) 부과권 제척기간의 만료 : 부과권의 존속기간이 경과로 인하여 그 부과권의 소멸

1) 국세의 제척기간 : 국세를 과세관청이 부과할 수 있는 권리에 대한 존속기간

　① 상속세와 증여세 이외의 기타 일반국세(양도소득세 등)의 제척기간

납세자가 사기 그 밖의 부정행위로써 국세를 포탈하거나 환급·공제받은 경우	10년
납세자가 법정신고기한까지 과세표준신고서를 제출하지 아니한 경우(=무신고)	7년
기타의 경우(신고기한까지 신고한 경우, 과소신고, 종합부동산세 등)	5년

　② 부담부증여에 따라 증여세와 함께 소득세가 과세되는 경우

납세자가 사기 기타 부정행위로써 포탈하거나 환급·공제받은 경우	15년
신고서를 제출하지 아니한 경우, 거짓신고 또는 누락신고를 한 경우	
기타의 경우	10년

　③ 국세기본법상 제척기간의 특례

　　㉠ 지방국세청장 또는 세무서장은 「행정소송법」에 따른 소송에 대한 판결이 확정된 경우 그 판결이 확정된 날부터 1년이 지나기 전까지 경정이나 그 밖에 필요한 처분을 할 수 있다.

　　㉡ 세무서장은 감사원법에 따른 심사청구에 대한 결정에 의하여 명의대여사실이 확인되는 경우에는 당초의 부과처분을 취소하고 그 결정이 확정된 날부터 1년 이내에 실제로 사업을 경영한 자에게 경정이나 그 밖에 필요한 처분을 할 수 있다.

2) 지방세의 제척기간 : 지방세를 과세관청이 부과할 수 있는 권리에 대한 존속기간

① 일반적인 경우

납세자가 사기 기타 부정행위로써 지방세를 포탈하거나 환급 또는 경감받은 경우	10년
다음에 따른 취득으로 법정신고기한까지 과세표준신고서를 제출하지 아니한 경우 · 상속과 증여를 원인으로 취득하는 경우 · 명의신탁약정으로 실권리자가 사실상 취득하는 경우	10년
납세자가 법정신고기한까지 과세표준신고서를 제출하지 아니한 경우(무신고)	7년
그 밖의 경우(신고한 경우 또는 과소신고한 경우, 신고가 없는 재산세 등)	5년

② 지방세기본법상 제척기간의 특례

ㄱ 이의신청·심판청구, 「감사원법」에 따른 심사청구 또는 「행정소송법」에 따른 소송에 대한 결정 또는 판결이 있는 경우 그 결정 또는 판결이 확정된 날부터 1년 이내에 해당 결정·판결에 따라 경정이나 그 밖에 필요한 처분을 할 수 있다

ㄴ 과세의 대상이 되는 재산의 취득자가 명의자일 뿐이고 사실상 취득한 자가 따로 있다는 사실이 확인된 경우 당초의 부과처분을 취소하고 그 결정 또는 판결이 확정된 날부터 1년 이내 사실상 재산을 취득한 자에게 경정이나 그 밖에 필요한 처분을 할 수 있다.

(5) 징수권 소멸시효의 완성

징수권을 일정기간 동안 행사하지 않으면 그 징수권리가 소멸한다.

① **국세 징수권 소멸시효기간** : 가산세를 제외한 금액이 5억원 미만인 경우 5년 단, 5억원 이상인 경우에는 10년

② **지방세 징수권 소멸시효기간** : 가산세를 제외한 지방세금액이 5천만원 미만 5년 단, 5천만원 이상인 경우에는 10년

1) 소멸시효의 중단

법에 정한 사유로 인하여 이미 경과한 시효기간의 효력이 상실되는 것.

예 중단사유 : 납세의 고지, 독촉 또는 납부최고, 교부청구, 압류 등

2) 소멸시효의 정지

일정한 기간 동안 시효의 완성을 유예하는 것

예 정지사유 : 분할납부기간, 연부연납기간, 징수유예기간, 체납처분유예기간 등

3) 소멸시효의 기산일

① 국세의 징수할 수 있는 때

  ㉠ 과세표준과 세액의 신고에 의하여 납세의무가 확정되는 국세의 경우 신고한 세액에 대해서는 그 법정 신고납부기한의 다음 날

  ㉡ 과세표준과 세액을 정부가 결정, 경정 또는 수시부과결정하는 경우 납부고지한 세액에 대해서는 그 고지에 따른 납부기한의 다음 날

② 지방세의 지방세징수권을 행사할 수 있는 때

  ㉠ 과세표준과 세액의 신고로 납세의무가 확정되는 지방세의 경우 : 신고한 세액에 대해서는 그 법정납부기한의 다음 날

  ㉡ 과세표준과 세액을 지방자치단체의 장이 결정 또는 경정하는 경우 : 납세고지한 세액에 대해서는 그 납세고지서에 따른 납부기한의 다음 날

  ㉢ 법정납부기한이 연장되는 경우 : 연장된 기한의 다음 날

예제

다음 중 국세기본법 또는 지방세기본법상 부동산관련조세의 납부의무성립·확정 및 소멸에 대하여 틀린 설명은?

① 취득세는 취득세 과세대상에 해당하는 물건을 취득하는 때에 납세의무가 성립하고, 납세의무자가 법정신고기한까지 신고하는 때에 납세의무가 확정된다.

② 납부의무는 납부나 충당, 부과의 취소, 부과에 대한 제척기간의 만료, 징수에 대한 소멸시효의 완성으로 소멸한다.

③ 재산세는 과세기준일(매년 6월 1일)에 납세의무가 성립하고, 과세주체인 지방자치단체가 과세표준과 세액을 결정(확정)함으로써 납세의무가 확정된다.

④ 소득세는 소득이 발생한 때에 납세의무가 성립하고, 납세의무자가 법정신고기한까지 신고하는 때에 납세의무가 확정된다.

⑤ 종합부동산세는 과세기준일(매년 6월 1일)에 납세의무가 성립하고, 납세지 관할세무서장이 과세표준과 세액을 확정하여 12월 1일부터 12월 15일(납부기간)까지 부과·징수한다.

Solution ④

소득세는 과세기간이 끝나는 때(중간예납하는 소득세는 중간예납기간이 끝나는 때)에 납세의무가 성립하고, 납세의무자가 법정신고기한까지 신고하는 때에 납세의무가 확정된다. 예정신고하는 소득세는 그 과세표준이 되는 금액이 발생한 달의 말일에 납세의무가 성립한다. 등록에 대한 등록면허세는 공부에 등기하거나 등록하는 때에 납세의무가 성립하고, 납세의무자가 법정신고기한까지 신고하는 때에 납세의무가 확정된다.

제5절 조세채권의 우선권제한

❶ 일반원칙

국세 및 강제징수비 또는 지방자치단체의 징수금(지방세 및 체납처분비)은 다른 공과금
이나 그 밖의 채권에 우선하여 징수한다. 이를 조세채권의 우선권이라 한다.

❷ 조세채권의 우선권 제한

(1) 공익비용(강제집행, 경매 또는 파산절차에 든 비용)의 우선

강제집행·경매 또는 파산절차에 따라 재산을 매각할 때 그 매각금액 중에서 국
세 및 강제징수비 또는 지방자치단체의 징수금을 징수하는 경우 그 강제집행·경
매 또는 파산절차에 든 비용(공익비용)보다는 우선하지 아니한다.

(2) 법정기일전 담보채권의 우선

법정기일{신고일(양도소득세 예정신고일 포함) 또는 고지서 발송일)전에 설정된
전세권, 질권 또는 저당권 설정을 등기하거나 등록한 사실이나 주택임대차보
호법 또는 상가건물임대차보호법에 따른 대항요건과 확정일자를 갖춘 사실
이 증명되는 재산을 매각할 때 그 매각대금 중에서 국세와 지방세를 징수하
는 경우 그 전세권, 질권 또는 저당권에 의하여 담보된 채권이나 확정일자를
갖춘 보증금은 국세 및 지방세보다 우선하여 변제한다.

> 📝 취득세 신고서를 납세지 관할 지방자치단체장에게 제출한 날(법정기일) 전에 전세권 또는 저
> 당권에 따라 담보된 채권은 취득세에 우선한다.

> 📝 전세권 등이 설정된 재산이 양도, 상속 또는 증여된 후 해당 재산이 국세의 강제징수 또는
> 경매 절차를 통하여 매각되어 그 매각금액에서 국세를 징수하는 경우 해당 재산에 설정된
> 전세권 등에 의하여 담보된 채권 또는 임대차보증금반환채권은 국세에 우선한다.

다만, 당해 재산에 대하여 부과된 국세와 지방세(〃당해세〃라고 한다)는 저당권
등 담보채권의 담보권 설정일자 및 확정일자에 관계없이 저당권 등의 담보채권이
나 확정일자를 갖춘 보증금보다 우선 징수한다. 이때에 저당권 등의 담보채권이
나 확정일자를 갖춘 보증금보다 우선 징수하는 당해 재산에 대하여 부과된 국세
는 종합부동산세, 상속세, 증여세가 해당하고 지방세로는 재산세, 소방분 지역자
원시설세, 재산세에 부가되는 지방교육세 등이 해당한다.

재산의 매각대금 배분시 당해 재산에 부과된 재산세나 재산세에 부가되는 지방교육세, 소방분 지역자원시설세 또는 당해 재산에 부과된 종합부동산세는 전세권 또는 저당권의 담보설정일 자 관계없이 당해 재산에 설정된 전세권 또는 저당권에 따라 담보된 채권보다 우선한다.

그러나, 「주택임대차보호법」에 따른 임대차보증금반환채권 등은 그 매각금액에서 지방세를 징수하는 경우 그 확정일자 또는 설정일보다 법정기일이 늦은 해당 재산에 대하여 부과된 "재산세 등"의 우선징수 순서에 대신하여 변제될 수 있다.

(3) 소액주택임차보증금 및 소액상가건물임차보증금 중 우선변제금액

주택임대차보호법 또는 상가건물임대차보호법이 적용되는 임대차관계에 있는 주택 또는 건물을 매각할 때 그 매각금액 중에서 국세나 지방세 및 이에 대한 가산금을 징수하는 경우 임대차에 관한 보증금 중 일정금액으로서 임차인이 우선하여 변제받을 수 있는 금액에 대한 채권은 조세채권(국세나 지방세)보다 우선변제된다. 다만, 체납처분비(국세는 강제징수비)보다는 우선하지 아니한다.

❸ 조세상호간의 우선관계

(1) 압류에 의한 우선

지방자치단체의 징수금의 체납처분에 의하여 납세자의 재산을 압류한 후 다른 지방자치단체의 징수금 또는 교부청구가 있으면 압류에 관계되는 지방자치단체의 징수금은 교부청구한 다른 지방자치단체의 징수금 또는 국세에 우선하여 징수한다.

(2) 담보가 있는 조세의 우선

납세담보가 되어 있는 재산을 매각하였을 때에는 압류우선주의에도 불구하여 담보가 있는 조세는 다른 지방자치단체의 징수금과 국세에 우선한다.

> 납세담보가 있는 조세 > 압류에 관계되는 조세 > 교부청구 조세

제6절 기간과 기한, 서류의 송달

① 기간과 기한

(1) 기한의 특례

① 지방세법 또는 지방세관계법에서 규정하는 신고, 신청, 청구, 그 밖의 서류 제출, 통지, 납부 또는 징수에 관한 기한이 토요일 및 일요일, 공휴일 및 대체공휴일 이거나 근로자의 날일 때에는 그 다음날을 기한으로 한다.

② 지방세법 또는 지방세관계법에서 규정하는 신고기한 또는 납부기한이 되는 날에 장애로 인하여 지방세정보통신망의 가동이 정지되어 전자신고 또는 전자납부를 할 수 없는 경우에는 그 장애가 복구되어 신고 또는 납부를 할 수 있게 된 날의 다음날을 기한으로 한다.

(2) 우편신고 및 전자신고

① 우편으로 과세표준 신고서, 과세표준 수정신고서, 경정청구서 또는 이와 관련된 서류를 제출한 경우 우편법령에 따른 우편날짜도장이 찍힌 날(우편날짜도장이 찍히지 아니하였거나 찍힌 날짜가 분명하지 아니할 때에는 통상 걸리는 배송일수를 기준으로 발송한 날로 인정되는 날)에 신고된 것으로 본다.

② 신고서 등을 지방세통합정보통신망을 이용하여 제출하는 경우에는 해당 신고서 등이 지방세통합정보통신망에 저장된 때에 신고된 것으로 본다.

② 서류의 송달장소

(1) 원 칙

지방세기본법 또는 지방세관계법에서 규정하는 서류는 그 명의인(그 서류에 수신인으로 지정되어 있는 자)의 주소, 거소, 영업소 또는 사무소[전자송달인 경우에는 명의인의 전자우편주소 또는 지방세통합정보통신망의 전자사서함]에 송달한다.

(2) 예 외

① 연대납세의무자에게 서류를 송달하려면 그 대표자를 명의인으로 하며 대표자가 없을 때에는 연대납세의무자 중 지방세를 징수하기 유리한 자를 명의인으로 한다. 다만, 납세의 고지와 독촉에 관한 서류는 연대납세의무자 모두에게 각각 송달하여야 한다.

② 납세관리인이 있을 때에는 납세의 고지와 독촉에 관한 서류는 그 납세관리인의 주소 또는 영업소에 송달한다.

③ 서류를 송달받을 자가 주소 또는 영업소 중에서 송달받을 장소를 신고하였을 때에는 그 신고된 장소에 송달하여야 한다.

③ 서류의 송달방법

(1) 원칙 : 교부송달 · 우편송달 또는 전자송달

1) 교부송달

① 교부로 서류를 송달하는 경우에는 송달할 장소에서 그 송달을 받아야 할 자에게 서류를 건네줌으로써 이루어진다.

② 교부송달의 경우에 서류의 송달을 받아야 할 자 또는 그 사용인, 그 밖의 종업원 또는 동거인으로서 사리를 판별할 수 있는 사람이 정당한 사유 없이 서류의 수령을 거부하면 송달할 장소에 서류를 둘 수 있다.

2) 우편송달

일반우편 또는 등기우편으로 의하되 납세의 고지 · 독촉 · 체납처분 또는 세법에 따른 명령에 관계되는 서류의 송달을 우편으로 할 때에는 원칙적으로 등기우편으로 의해야 한다.

3) 전자송달

서류의 송달을 받아야 할 자가 신청하는 경우에만 한다. 다만, 지방세정보통신망의 장애로 인하여 전자송달을 할 수 없는 경우 교부 또는 우편의 방법으로 송달할 수 있다.

(2) 예외 : 공시송달

서류의 송달을 받아야 할 자가 다음의 어느 하나에 해당하는 경우에는 서류의 요지를 공고한 날부터 14일이 지나면 서류의 송달이 된 것으로 본다.

① 주소 또는 영업소가 국외에 있고 그 송달이 곤란한 경우

② 주소 또는 영업소가 분명하지 아니한 경우

③ 서류를 우편으로 송달하였으나 받을 사람이 없는 것으로 확인되어 반송됨으로써 납부기한 내에 송달하기 곤란하다고 인정되는 경우

④ 세무공무원이 2회 이상 납세자를 방문하여 서류를 교부하려고 하였으나 받을 사람이 없는 것으로 확인되어 납부기한 내에 송달하기 곤란하다고 인정되는 경우

④ 송달지연으로 인한 납부기한의 연장

기한을 정하여 납세고지서, 납부통지서, 독촉장 또는 납부최고서를 송달하였더라도 서류가 납부기한이 지난 후에 도달한 경우 또는 서류가 도달된 날로부터 7일 이내에 납부기한이 도래하는 경우 지방자치단체의 징수금의 납부기한은 해당 서류가 도달한 날로부터 14일이 지난 날로 한다.

⑤ 송달의 효력 발생

송달하는 서류는 그 송달을 받아야 할 자에게 도달한 때부터 효력이 발생한다. 다만, 전자송달의 경우에는 송달받을 자가 지정한 전자우편주소에 입력된 때 또는 지방세통합정보통신망의 전자사서함에 저장하는 경우에는 저장된 때에 그 송달을 받아야 할 자에게 도달된 것으로 본다.

공시송달의 경우에는 공고한 날로부터 14일이 경과함으로써 서류의 송달의 효력이 발생한다.

제2장 조세분류 · 지방세체계

제1절 부동산과 관련된 조세분류

① 부동산 취득과 관련된 조세

취득세	부동산 등의 취득행위에 대한 지방세
등록면허세	부동산 등의 등록(등기 포함)행위에 대한 지방세
지방교육세	· 취득세 납부세액의 부가세 · 등록면허세 납부세액의 부가세
부가가치세	사업자로부터 건축물의 취득에 대한 국세
농어촌특별세	· 취득세의 납부세액에 대한 부가세 · 취득세 감면세액이나 등록면허세의 감면세액에 대한 부가세
인지세	· 부동산취득계약서

② 부동산 보유와 관련된 조세

재산세	보유재산(토지, 건축물, 주택, 선박, 항공기)에 대한 지방세
종합부동산세	보유재산(고액의 주택과 토지)에 대한 국세
소방분 지역자원시설세	보유하는 건축물(주택 포함) 및 선박의 소방시설에 대한 지역자원시설세
지방교육세	재산세 납부세액에 대한 부가세
종합소득세	개인의 부동산임대인 사업소득에 대한 국세
개인지방소득세	종합소득세 납세의무가 있는 자
부가가치세	부동산임대인 사업소득에 대한 국세
농어촌특별세	종합부동산세의 납부세액에 대한 부가세

③ 부동산 양도와 관련된 조세

양도소득세	개인의 비사업적(우발적·일시적) 부동산 양도소득에 대한 국세
종합소득세	개인의 부동산매매업인 사업소득에 대한 국세
개인지방소득세	종합소득세 및 양도소득세 납세의무가 있는 자
부가가치세	부동산매매사업자로서 건물의 매도에 대한 국세
농어촌특별세	양도소득세 감면세액에 대한 부가세
인지세	부동산매도계약서

※ 부동산관련조세분류 (○ : 해당됨, × : 해당 안됨)

세목 \ 구분	취득	보유	양도
지방교육세	○	○	×
개인지방소득세	×	○	○
부가가치세	○	○	○
농어촌특별세	○	○	○
인지세	○	×	○

예제

2025년 6월 1일 현재 거주자 갑(甲)이 국내소재 부동산을 보유하는 경우, 보유단계에서 부담할 수 있는 조세를 주어진 자료에서 모두 고른 것은? (단, 당해 부동산은 임대상태로 보유하고 있으며, 부과될 수 있는 조세는 모두 과세요건을 충족하였으며 감면요건을 충족하는 경우에는 감면을 받을 수 있다고 가정한다)

ㄱ. 재산세   ㄴ.소방분 지역자원시설세   ㄷ. 종합부동산세
ㄹ. 지방교육세   ㅁ. 인지세   ㅂ. 개인지방소득세

① ㄱ, ㄴ, ㄷ, ㄹ, ㅂ   ② ㄱ, ㄴ, ㄷ, ㅁ   ③ ㄱ, ㄹ, ㅂ
④ ㄴ, ㄷ, ㅁ   ⑤ ㄷ, ㄹ, ㅁ

Solution ①

부동산을 보유하는 과정에서 부담할 수 있는 조세로는 국세로는 종합부동산세, 종합소득세, 농어촌특별세 등이 해당하고, 지방세로는 재산세, 지방교육세, 개인지방소득세, 소방분 지역자원시설세 등이 이에 해당한다. 인지세는 부동산의 취득과 양도에만 해당하며 국세에 속한다.

제2절 지방세 체계 및 징수방법, 지방세 불복청구

1 지방세의 체계

구 분	보통세	목적세
도세	취득세, 등록면허세 등	지역자원시설세, 지방교육세
시군세	재산세, 주민세, 지방소득세 등	
특별시세 · 광역시세	취득세, 주민세, 지방소득세, 등	지역자원시설세, 지방교육세
구세	등록면허세, 재산세	

2 지방세의 징수방법

지방세의 징수방법은 보통징수방법, 신고납부방법 및 특별징수방법으로 구분된다.

(1) 보통징수방법

지방자치단체의 장이 과세표준 및 세액을 결정(확정)하여 세무공무원이 납세고지서를 납세자에게 발급하여 징수하는 방법 예 재산세, 소방분 지역자원시설세 등

(2) 신고납부방법

납세의무자가 과세표준과 세액을 결정(확정)하여 법정신고기한까지 신고하고 신고한 세금을 납부하는 방법 예 취득세, 등록면허세 등

다만, 납세의무자가 과세표준과 세액을 법정신고기한까지 신고 · 납부의무를 다하지 않으면 지방자치단체가 부과 · 징수하는 보통징수방법을 적용한다.

(3) 특별징수

편의상 징수할 여건이 좋은 자로 하여금 징수하게 하고 그 징수한 세금을 납부하게 하는 것 예 지방소득세 등

3 「지방세법」상 면세점과 소액징수면제, 최저세액

(1) 면세점 : 과세표준 등이 일정한 금액 또는 수량 이하인 과세대상을 과세에서 제외

예 **취득세** : 과세대상물건의 1건 또는 1구의 취득가액이 50만원 이하인 경우에는 취득세를 부과하지 아니한다.

(2) 소액징수면제 : 일정한 세액 미만인 경우에는 징수하지 아니한다.

예
· 재산세의 경우 고지서 1장당 징수할 세액이 2천원 미만인 경우 징수하지 아니한다.
· 지방소득세의 세액이 2천원 미만인 경우에는 징수하지 아니한다.
· 지역자원시설세로 징수할 세액이 고지서 1장당 2천원 미만인 경우에는 징수하지 아니한다.

(3) 최저세액

부동산등기시 산출한 세액이 그 밖의 등기 또는 등록 세율(매 건당 6천원)보다 적을 때에는 그 밖의 등기 또는 등록 세율(매 건당 6천원)을 적용한다.

❹ 지방세기본법상 불복청구

(1) 청구대상

지방세에 대하여 위법 · 부당한 처분을 받았거나 필요한 처분을 받지 못하여 권리 또는 이익을 침해당한 자는 지방세기본법상 이의신청 또는 심판청구를 할 수 있다. 다만, 다음의 처분은 불복청구대상에 포함되지 아니한다.

> ① 이의신청 또는 심판청구에 대한 처분. 다만, 이의신청에 대한 처분에 대하여 심판청구를 하는 경우는 제외한다.
> ② 범칙사건에 대한 통고처분.
> ③ 과세전적부심사의 청구에 대한 처분.
> ④ 과태료 부과 등

(2) 불복절차

① 이의신청을 하려면 그 처분이 있은 것을 안 날(처분의 통지를 받았을 때에는 그 통지를 받은 날)부터 90일 이내에 하여야 한다.

② 이의신청을 거친 후에 심판청구를 할 때에는 이의신청에 대한 결정 통지를 받은 날부터 90일 이내에 조세심판원장에게 심판청구를 하여야 한다.

③ 결정기간 내에 이의신청에 대한 결정 통지를 받지 못한 경우에는 결정 통지를 받기 전이라도 그 결정기간이 지난날부터 심판청구를 할 수 있다.

④ 이의신청을 거치지 아니하고 바로 심판청구를 할 때에는 그 처분이 있은 것을 안 날(처분의 통지를 받았을 때에는 그 통지를 받은 날)부터 90일 이내에 조세심판원장에게 심판청구를 하여야 한다.

⑤ 지방세의 경우 불복청구인은 심판청구를 거치지 아니하고 행정소송을 제기할 수 없다. 지방세기본법상 심판청구 또는 감사원법에 따른 심사청구를 거쳐야만 행정소송을 제기할 수 있다.

(3) 이의신청 등의 대리인

① 이의신청인과 처분청은 변호사, 세무사 또는 등록한 공인회계사를 대리인으로 선임할 수 있다.

② 이의신청 또는 심판청구금액이 1천만원 미만인 경우에는 그의 배우자, 4촌 이내의 혈족 또는 그의 배우자의 4촌 이내 혈족을 대리인으로 선임할 수 있다.

(4) 청구기한의 연장 등

① 이의신청인 또는 심판청구인이 재해 등의 사유(신고·신청·청구 및 그 밖의 서류의 제출·통지에 관한 기한연장사유로 한정한다)로 인하여 이의신청 또는 심판청구기간에 이의신청 또는 심판청구를 할 수 없을 때에는 그 사유가 소멸한 날부터 14일 이내에 이의신청 또는 심판청구를 할 수 있다.

② 이의신청 또는 심판청구기한까지 우편으로 제출(우편법령에 따른 우편날짜도장이 찍힌 날을 기준으로 한다)한 이의신청서 또는 심판청구서가 신청기간 또는 청구기간이 지나서 도달한 경우에는 그 기간만료일에 적법한 신청 또는 청구를 한 것으로 본다.

(5) 결정 등

이의신청을 받은 지방자치단체의 장은 신청을 받은 날부터 90일 이내에 지방세심의위원회의 의결에 따라 다음의 구분에 따른 결정을 하고 신청인에게 이유를 함께 기재한 결정서를 송달하여야 한다.

① 이의신청이 적법하지 아니한 때(행정소송 또는 심판청구를 제기하고 이의신청을 제기하는 경우를 포함한다) 또는 이의신청 기간이 지났거나 보정기간에 필요한 보정을 하지 아니할 때 : 신청을 각하하는 결정

② 이의신청이 이유 없다고 인정될 때 : 신청을 기각하는 결정

③ 이의신청이 이유 있다고 인정될 때 : 신청의 대상이 된 처분의 취소, 경정 또는 필요한 처분의 결정.

(6) 다른 법률과의 관계

지방세기본법 또는 지방세관계법에 따른 이의신청 또는 심판청구의 대상이 되는 처분에 관한 사항에 대하여는 「행정심판법」을 적용하지 아니한다.

(7) 청구의 효력 등

이의신청 또는 심판청구는 그 처분의 집행에 효력이 미치지 아니한다. 다만, 압류한 재산에 대해서는 이의신청 또는 심판청구의 결정처분이 있는 날로부터 30일까지 그 공매처분을 보류할 수 있다.

∥ 지방세기본법에 의한 지방세 불복절차 ∥

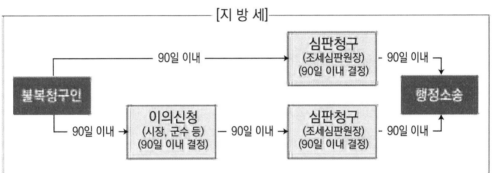

지방세에 관한 불복시에도 불복청구인은 지방세기본법상 심판청구 또는 감사원법에 의한 심사청구를 거치지 아니하고는 행정소송을 제기할 수 없다. 다만, 이의신청을 거치지 아니하고 심판청구를 제기할 수 있다.

∥ 국세기본법에 의한 국세 불복절차 ∥

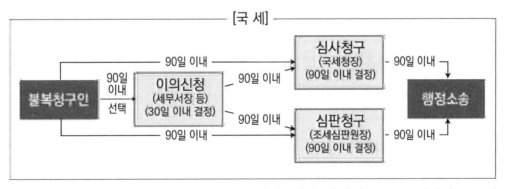

국세에 관한 불복시에도 불복청구인은 국세기본법상 심사청구 또는 심판청구를 거치지 아니하고는 행정소송을 제기할 수 없다. 감사원법에 의한 심사청구를 한 경우에는 국세기본법상 심사청구 또는 심판청구를 한 것으로 본다.

제3절 부동산평가방법

❶ 지방세의 시가표준액

지방세를 부과징수하기 위하여 기준이 되는 금액으로 부동산가격공시에 관한 법률에 의한 공시가격이나 지방자치단체의 장(시장 또는 군수 등)이 산정한 가액을 말한다.

(1) 토지 또는 주택

「부동산 가격공시에 관한 법률」에 따라 가격이 공시된 가액으로 한다.

1) **토지** : 법률에 의하여 공시된 가액인 개별공시지가

2) **주택**

① 단독주택 : 법률에 의하여 공시된 가액인 개별주택가격

② 공동주택 : 법률에 의하여 공시된 가액인 공동주택가격

다만, 법률에 의하여 개별공시지가 또는 개별주택가격이 공시되지 아니한 경우에는 시장·군수 또는 구청장이 국토교통부장관이 제공한 토지가격비준표 또는 주택가격비준표를 사용하여 산정한 가액으로 하고, 법률에 의하여 공동주택가격이 공시되지 아니한 경우에는 시장·군수 또는 구청장이 산정한 가액으로 한다.

(2) 주택 외의 건축물

건물의 신축가격 등을 참작하여 매년 1회 이상 건물 신축가격기준액에 구조지수, 용도지수, 위치지수, 잔존가치율, 가감산율 등을 적용하여 지방자치단체의 장이 결정한 가액으로 한다.

> 건물신축가격기준액(㎡당 가격) × 구조지수 × 용도지수 × 위치지수 × 잔존가치율 × 가감산율

❷ 국세의 기준시가

국세인 양도소득세, 상속세 및 증여세 등을 부과·징수하기 위하여 기준이 되는 금액을 말한다.

(1) 토지의 기준시가

① 일반지역의 토지 : 부동산가격공시에 관한 법률에 의한 공시가격인 개별공시지가

② 지정지역 안의 토지 : 공시가격인 개별공시지가 × 국세청장이 고시하는 배율 → 배율방법

> 개별공시지가가 없는 토지의 경우 납세지관할세무서장이 인근 유사토지의 개별공시지가를 참작하여 평가한 금액으로 한다.

(2) 주택의 기준시가 : 부동산가격공시에 관한 법률에 의한 공시가격

① 단독주택 : 개별주택가격

② 공동주택 : 공동주택가격

> 개별주택가격 및 공동주택가격이 없는 경우 납세지관할세무서장이 인근 유사 주택의 개별주택가격 및 공동주택가격을 참작하여 평가한 금액으로 한다.

(3) 건물의 기준시가

① 일반건물

건물의 신축가격 · 구조 · 용도 · 위치 · 신축연도 등을 참작하여 매년 1회 이상 국세청장이 산정 · 고시한 가액

② 국세청장이 지정하는 지역 내에 있는 오피스텔, 상업용 건물

건물의 종류 · 규모 · 거래상황 · 위치 등을 참작하여 매년 1회 이상 국세청장이 토지와 건물에 대하여 일괄 산정 · 고시하는 가액

(4) 부동산을 취득할 수 있는 권리

양도자산의 종류, 규모, 거래상황 등을 고려하여 취득일 또는 양도일까지 납입한 금액과 취득일 또는 양도일 현재의 프리미엄에 상당하는 금액을 합한 금액을 말한다.

[중요 지문정리]

01. 조세의 납부방법으로 물납과 분할납부가 둘 다 가능한 것(단, 물납과 분할납부의 법정요건은 전부 충족한 것으로 가정함)은 지방세로는 재산세(도시지역분 포함)가 이에 해당한다.

02. 지방세를 법정납부기한까지 납부하여야 할 세액 중 납세고지서에 따른 납부기한까지 납부하지 아니한 경우에는 납부하지 아니한 세액 또는 과소납부한 세액의 100분의 3을 적용하여 납부지연가산세로 적용한다.

03. 지방세의 가산세는 해당 의무가 규정된 해당 지방세의 세목으로 하며, 해당 지방세를 감면하는 경우 가산세는 그 감면대상에 포함시키지 아니하는 것으로 한다.

04. 지방세기본법상 "과세표준"이란 세법에 따라 직접적으로 세액산출의 기초가 되는 수량, 면적 또는 가액 등을 말한다. "법정신고기한"이란 과세표준신고서를 제출할 기한을 말한다.

05. "납세의무자"란 「지방세법」에 따라 지방세를 납부할 의무(지방세를 특별징수하여 납부할 의무는 제외한다)가 있는 자를 말한다. "납세자"란 납세의무자(연대납세의무자와 제2차 납세의무자 및 보증인을 포함한다)와 특별징수의무자를 말한다.

06. 원칙적으로 납세의무자의 신고납부방법으로 부과·징수하는 지방세는 취득세, 등록면허세가 이에 해당한다. 그리고 보통징수방법으로 부과·징수하는 지방세로는 재산세, 소방분 지역자원시설세, 재산세에 부가되는 지방교육세 등이 해당한다.

07. 과세관청(정부나 지방자치단체)의 결정에 의하여 납세의무가 확정되는 조세로는 국세는 종합부동산세, 상속세, 증여세가 해당하고 지방세로는 재산세, 소방분 지역자원시설세, 재산세에 부가되는 지방교육세 등이 있다. 다만, 종합부동산세는 신고납부방식으로 신고하는 경우에는 신고함으로써 납세의무가 확정된다.

08. 지방세를 납세고지서 납부기한으로부터 일정기한까지 납부하지 아니한 세액 또는 과소납부분 세액(가산세는 제외)에 납세고지서 납부기한 다음날부터 납부일까지 매 1월이 경과할 때마다 0.66%(100,000분의 22에 30을 곱한 이자율)을 적용한다. 단, 납세고지서별·세목별 세액이 45만원 미만인 경우에는 당해 가산세를 적용하지 아니한다. 또한 60개월을 초과할 수 없다.

09. 취득세는 취득세 과세물건을 취득하는 때에 납세의무가 성립하고, 납세의무자가 과세표준과 세액을 지방자치단체에 신고하는 때에 확정된다. 또한 등록분 등록면허세는 공부에 등기하거나 등록하는 납세의무가 성립하고, 납세의무자가 과세표준과 세액을 지방자치단체에 신고하는 때에 확정된다.

10. 지방세기본법상 지방자치단체의 징수금에 대한 납부할 의무는 납부, 충당, 부과의 취소, 부과의 제척기간이 만료되었을 때, 징수의 소멸시효가 완성되었을 때 소멸한다.

11. 국세의 무신고가산세 및 과소신고·초과환급신고가산세는 법정신고기한이 경과하는 때에 납세의무가 성립하고, 납부기한까지 납부하지 아니한 세액 또는 과소납부분 세액에 대한 납부지연가산세는 납세고지서에 따른 납부기한이 경과하는 때에 납부의무가 성립한다.

12. 소득세는 과세기간이 끝나는 때(단, 예정신고를 하는 소득세는 그 과세표준이 되는 금액이 발생한 달의 말일)에 납세의무가 성립하고, 납세의무자가 과세표준과 세액을 과세관청(정부)에 신고하는 때에 확정된다. 양도소득세는 예정신고만으로도 납세의무가 확정된다.

13. 납세자가 「조세범처벌법」에 따른 사기나 그 밖의 부정한 행위로 양도소득세를 포탈하는 경우(역외거래 제외) 그 국세를 부과할 수 있는 날부터 10년을 부과제척기간으로 한다.

14. 법정신고기한까지 과세표준 신고서를 제출하지 아니하여 해당 지방세를 부과할 수 없는 경우에 지방세 부과의 제척기간은 7년이다.

15. 국세의 징수를 목적으로 하는 국가의 권리는 이를 행사할 수 있는 때부터 5년(5억원 이상의 국세는 10년)동안 행사하지 아니하면 소멸시효가 완성된다. 이 경우 국세의 금액은 가산세를 제외한 금액으로 한다.

16. 납세의무자가 취득세를 신고하였으나 지방자치단체의 장이 경정하는 경우, 납세고지한 세액에 대한 지방세징수권을 행사할 수 있는 때는 그 납세고지서에 따른 납부기한의 다음 날이다.

17. 공유물(공동주택의 공유물은 제외한다), 공동사업 또는 그 공동사업에 속하는 재산에 관계되는 지방자치단체의 징수금은 공유자 또는 공동사업자가 연대하여 납부할 의무를 진다. 그러나, 공동주택의 공유물에 관계되는 지방자치단체의 징수금은 공유자 또는 공동사업자가 연대하여 납부할 의무를 지지 아니한다.

18. 사업의 양도·양수가 있는 경우 그 사업에 관하여 양도일 이전에 양도인의 납세의무가 확정된 지방자치단체의 징수금을 양도인의 재산으로 충당하여도 부족할 때에는 양수인은 그 부족한 금액에 대하여 양수한 재산의 가액 한도 내에서 제2차 납세의무를 진다.

19. 납세자에게 사기나 그 밖의 부정행위가 없으며 특례제척기간에 해당하지 않는 경우 원칙적으로 납세의무성립일로부터 5년이 지나면 종합부동산세 또는 재산세를 부과할 수 없다.

20. 취득세 신고서를 납세지관할 지방자치단체장에게 제출한 날 전에 저당권 설정 등기 사실이 증명되는 재산을 매각하여 그 매각금액에서 취득세를 징수하는 경우, 저당권에 따라 담보된 채권은 취득세에 우선한다.

21. 당해 재산에 대하여 부과된 국세와 지방세는 저당권 등 담보채권의 담보권 설정일자 및 확정일자에 관계없이 저당권 등의 담보채권이나 확정일자를 갖춘 보증금보다 우선 징수한다. 이때에 저당권 등의 담보채권이나 확정일자를 갖춘 보증금보다 우선 징수하는 당해 재산에 대하여 부과된 국세는 종합부동산세, 상속세, 증여세가 이에 해당하고 지방세는 재산세, 소방분 지역자원시설세, 재산세에 부가되는 지방교육세 등이 해당한다.

22. 「주택임대차보호법」에 따른 임대차보증금반환채권 등은 그 매각금액에서 지방세를 징수하는 경우 그 확정일자 또는 설정일보다 법정기일이 늦은 해당 재산에 대하여 부과된 "재산세 등"의 우선 징수순서에 대신하여 변제될 수 있다.

23. 납세담보가 되어 있는 재산을 매각하였을 때에는 제73조 압류의 우선에도 불구하고 해당 지방자치단체에서 다른 지방자치단체의 징수금과 국세에 우선하여 징수한다.

30. 면세점이라 함은 과세표준금액이 일정금액 이하에 대하여 과세하지 않는 경우를 말하며, 소액징수면제란 징수할 세액이 일정금액 미만인 경우에 징수하지 않는 것을 말한다.

   📌 면세점 ➡ 취득가액이 50만원 이하일 때에는 취득세를 부과하지 아니한다.

   📌 소액징수면제 ➡ 고지서 1장당 세액이 2천원 미만인 경우에는 당해 재산세를 징수하지 아니한다.

24. 이의신청을 거친 후에 심판청구를 할 때에는 이의신청에 대한 결정 통지를 받은 날부터 90일 이내에 하여야 한다. 다만, 결정기간에 이의신청에 대한 결정 통지를 받지 못한 경우에는 결정 통지를 받기 전이라도 그 결정기간이 지난날부터 심판청구를 할 수 있다.

25. 이의신청, 심판청구기한까지 우편으로 제출(우편법령에 따른 우편날짜도장이 찍힌 날을 기준으로 한다)한 이의신청서 또는 심판청구서가 신청기간 또는 청구기간이 지나서 도달한 경우에는 그 기간만료일에 적법한 신청 또는 청구를 한 것으로 본다.

26 이의신청이 적법하지 아니한 때 또는 이의신청 기간이 지났거나 보정기간에 필요한 보정을 하지 아니할 때에는 신청을 각하하는 결정을 하여야 한다.

27. 이의신청인은 신청금액이 1천만원 미만인 경우에는 그의 배우자, 4촌 이내의 혈족 또는 그의 배우자의 4촌 이내 혈족을 대리인으로 선임할 수 있다.

28. 지방세기본법에 의한 지방세 불복시에는 이의신청을 거치지 아니하고 심판청구를 할 수 있다. 그러나 법원에 행정소송은 지방세기본법에 따른 심판청구나 감사원법에 따른 심사청구를 거쳐야만 제기할 수 있다.

29. 부동산 취득시 부담할 수 있는 세금으로 지방세는 취득세, 등록면허세, 지방교육세가 해당하고, 국세로는 부가가치세, 농어촌특별세, 인지세, 상속세, 증여세가 있다.

30. 부동산을 보유하는 과정에서 부담할 수 있는 조세로는 국세로는 종합부동산세, 종합소득세(부동산 임대소득), 부가가치세, 농어촌특별세 등이 해당하고 지방세로는 재산세, 소방분 지역자원시설세, 지방교육세, 개인지방소득세 등이 이에 해당한다.

31. 토지의 시가표준액은 「부동산 가격공시에 관한 법률」에 따른 개별공시지가가 공시된 경우 개별공시지가로 한다. 주택의 시가표준액은 「부동산 가격공시에 관한 법률」에 따른 개별주택가격(단독주택) 또는 공동주택가격(공동주택)이 공시된 경우 개별주택가격 또는 공동주택가격으로 한다.

32. 건축물의 시가표준액은 소득세법령에 따라 매년 1회 국세청장이 산정 고시하는 건물신축가격기준액에 행정안전부장관이 정한 기준을 적용하여 지방자치단체의 장이 결정하는 가액으로 한다.

제2편 지방세

제1장 취득세

제1절 취득세 특징, 취득의 개념 및 취득의 구분

1 취득세 특징

① 지방세, 보통세
② 유통과세, 행위세(취득행위), 응능과세
③ 특별시·광역시·도세(실질적으로는 시·군·구 위임징수)
④ 실질(사실)주의 과세원칙 : 등기, 등록, 허가여부 등과 관계없이 과세
⑤ 원칙 : 신고납부방법
　 예외 : 보통징수방법(신고납부의무를 다하지 않은 경우 가산세를 포함)
⑥ 가산세 적용(무신고가산세, 과소신고가산세, 납부지연가산세)
⑦ 면세점(취득가액이 50만원 이하인 경우 부과하지 아니한다.)
⑧ 취득물건별 과세
⑨ 중가산세(산출세액의 100분의 80) : 신고하지 아니하고 매각한 경우
⑩ 물납(×), 분할납부(×)
⑪ 수정신고(○), 기한 후 신고(○)

2 취득의 개념

취득이란 매매, 교환, 상속, 증여, 기부, 법인에 대한 현물출자, 건축, 개수(改修), 공유수면의 매립·간척에 의한 토지의 조성 등과 그밖에 이와 유사한 취득으로서 원시취득, 승계취득 또는 유상·무상의 모든 취득을 말한다.

❸ 취득의 구분

(1) 사실상 취득

1) 원시취득

① 토지 : 공유수면의 매립·간척으로 토지의 조성

② 건축물 : 건축(신축·재축 등)

③ 선박 : 건조

④ 차량, 기계장비, 항공기 : 제조·조립

⑤ 광업권, 어업권, 양식업권 : 출원(단, 출원에 의한 원시취득은 취득세 면제)

⑥ 민법상 점유 시효취득

2) 승계취득

① 유상승계취득 : 매매, 교환, 현물출자, 연부취득, 공매, 경매 등

② 무상승계취득 : 상속, 증여, 기부 등

　📝 차량, 기계장비, 선박, 항공기
　　제조나 조립 등에 의한 제조업자의 원시취득은 과세제외하고 <u>승계취득</u>시에 한하여 <u>과세</u>된다.

(2) 취득의 의제

사실상 취득은 아니지만 다음의 경우에도 취득으로 본다.

① 토지 : 지목변경 + 가액증가

② 건축물 : 건축(신축과 재축 제외), 개수(대수선 및 시설물 설치)

　📝 단, 면적증가는 사실상 취득인 원시취득으로 보고 취득세를 부과한다.

③ 차량, 기계장비, 선박 : 종류변경 + 가액증가

④ 비상장법인 과점주주(100분의 50 초과)의 주식취득(법인설립시는 과세제외)

$$과세표준 = 부동산 등 취득세 과세대상 총가액 \times \frac{과점주주가 취득한 주식 또는 출자의 수}{법인의 주식 또는 출자의 총수}$$

제2절 취득세 과세대상 및 납세의무자

❶ 취득세 과세대상 : 지방세법상 열거된 자산과 권리

(1) 부동산

> 부동산 ┌ 토지
> └ 건축물(레저시설 등의 독립적 시설물 및 승강기 등의 부수적 시설물 포함)

(2) 차량, 기계장비, 선박, 항공기

제조나 조립 등 원시취득은 과세제외하고 승계취득만 과세

(3) 광업권, 어업권, 양식업권 : 출원에 의한 원시취득은 과세면제

(4) 입목 : 지상의 과수, 죽목 등

(5) 회원제 회원권

골프회원권, 콘도미니엄회원권, 종합체육시설이용회원권, 승마회원권, 요트회원권

☞특허권 등의 무체재산권 및 지상권이나 전세권, 등기된 부동산임차권, 제조업의 기계장치 등은 취득세 과세대상이 아니다.

❷ 취득세 납세의무자

취득세는 부동산(토지와 건축물), 차량, 기계장비, 선박, 항공기, 광업권, 어업권, 양식업권, 입목, 골프회원권, 콘도미니엄회원권, 종합체육시설이용회원권, 승마회원권, 요트회원권을 취득한 자에게 부과한다.

(1) 사실상 취득자

부동산 등의 취득은 「민법」등 관계 법령에 따른 등기·등록 등을 하지 아니한 경우라도 사실상 취득하면 각각 취득한 것으로 보고 해당 취득 물건의 소유자 또는 양수인을 각각 취득자로 한다. 다만, 차량, 기계장비, 항공기 및 주문을 받아 건조하는 선박은 승계취득인 경우에만 해당한다.

(2) 주체구조부의 취득자

건축물 중 조작 설비, 그 밖의 부대설비에 속하는 부분으로서 그 주체구조부와 하나가 되어 건축물로서의 효용가치를 이루고 있는 것에 대하여는 주체구조부 취

득자 외의 자가 가설한 경우에도 주체구조부의 취득자가 함께 취득한 것으로 본다.

(3) 조합원 또는 사업시행자

선박, 차량과 기계장비의 종류를 변경하거나 토지의 지목을 사실상 변경함으로써 그 가액이 증가한 경우에는 취득으로 본다. 이 경우 「도시개발법」에 따른 도시개발사업(환지방식만 해당)의 시행으로 토지의 지목이 사실상 변경된 때에는 그 환지계획에 따라 공급되는 환지는 조합원이, 체비지 또는 보류지는 사업시행자가 각각 취득한 것으로 본다.

(4) 과점주주

법인의 주식 또는 지분을 취득함으로써 과점주주가 되었을 때에는 그 과점주주가 해당 법인의 부동산 등을 취득한 것으로 본다. 이 경우 과점주주는 그 취득세를 연대하여 납부할 의무를 진다. 다만, 법인설립 시에 발행하는 주식 또는 지분을 취득함으로써 과점주주가 된 경우에는 취득으로 보지 아니한다.

(5) 수입하는 자

외국인 소유의 취득세 과세대상 물건(차량, 기계장비, 항공기 및 선박만 해당한다)을 직접 사용하거나 국내의 대여시설 이용자에게 대여하기 위하여 임차하여 수입하는 경우에는 수입하는 자가 취득한 것으로 본다.

(6) 상속인

상속(피상속인이 상속인에게 한 유증 및 포괄유증과 신탁재산의 상속을 포함)으로 인하여 취득하는 경우에는 상속인 각자가 상속받는 취득물건(지분을 취득하는 경우에는 그 지분에 해당하는 취득물건을 말한다)을 취득한 것으로 본다. 공동상속 취득의 경우 공동상속인이 그 취득세를 연대하여 납부할 의무를 진다.

(7) 주택조합의 조합원

"주택조합 등"이 해당 조합원용으로 취득하는 조합주택용 부동산은 그 조합원이 취득한 것으로 본다. 다만, 조합원에게 귀속되지 아니하는 부동산(비조합원용 부동산)은 제외한다.

(8) 시설대여업자

시설대여업자가 건설기계나 차량의 시설대여를 하는 경우로서 대여시설이용자의 명의로 등록하는 경우라도 그 건설기계나 차량은 시설대여업자가 취득한 것으로 본다.

(9) 취득대금을 지급한 자

기계장비나 차량을 기계장비대여업체 또는 운수업체의 명의로 등록하는 경우라도 해당 기계장비나 차량의 구매계약서, 세금계산서, 차주대장(車主臺帳) 등에 비추어 기계장비나 차량의 취득대금을 지급한 자가 따로 있음이 입증되는 경우 그 기계장비나 차량은 취득대금을 지급한 자가 취득한 것으로 본다.

(10) 배우자 또는 직계존비속의 부동산 등을 취득하는 경우

배우자 또는 직계존비속의 부동산 등을 취득하는 경우에는 증여로 취득한 것으로 본다.

다만, 다음의 어느 하나에 해당하는 경우에는 유상으로 취득한 것으로 본다.

> ① 공매(경매를 포함)를 통하여 부동산 등을 취득한 경우
> ② 파산선고로 인하여 처분되는 부동산 등을 취득한 경우
> ③ 권리의 이전이나 행사에 등기 또는 등록이 필요한 부동산 등을 서로 교환한 경우
> ④ 해당 부동산 등의 취득을 위하여 그 대가를 지급한 사실이 다음과 같이 증명한 경우
> · 그 대가를 지급하기 위한 취득자의 소득이 증명되는 경우
> · 소유재산을 처분 또는 담보한 금액으로 해당 부동산을 취득한 경우 등

(11) 부담부증여 취득

증여자의 채무를 인수하는 부담부(負擔附) 증여의 경우에는 그 채무액에 상당하는 부분은 부동산 등을 유상으로 취득하는 것으로 본다. 다만, 배우자 또는 직계존비속으로부터의 부동산 등의 부담부증여의 경우에는 위의 (10) 배우자 또는 직계존비속의 부동산 등을 취득하는 경우를 적용한다.

(12) 상속 재분할로 인한 취득

상속개시 후 상속재산에 대하여 등기 등에 의하여 각 상속인의 상속분이 확정되어 등기 등이 된 후, 그 상속재산에 대하여 공동상속인이 협의하여 재분할한 결과 특정 상속인이 당초 상속분을 초과하여 취득하게 되는 재산가액은 그 재분할에 의하여 상속분이 감소한 상속인으로부터 증여받아 취득한 것으로 본다. 다만, 다음의 어느 하나에 해당하는 경우에는 그러하지 아니하다.

> ① 신고·납부기한 내에 재분할에 의한 취득과 등기 등을 모두 마친 경우
> ② 상속회복청구의 소에 의한 법원의 확정판결에 의하여 상속인 및 상속재산에 변동이 있는 경우
> ③ 「민법」 제404조에 따른 채권자대위권의 행사에 의하여 공동상속인들의 법정상속분대로 등기 등이 된 상속재산을 상속인 사이의 협의분할에 의하여 재분할하는 경우

(13) 택지공사가 준공된 토지에 정원 또는 부속시설물 등의 조성·설치

관계 법령에 따른 택지공사가 준공된 토지에 정원 또는 부속시설물 등을 조성·설치하는 경우에는 그 정원 또는 부속시설물 등은 토지에 포함되는 것으로서 토지의 지목을 사실상 변경하는 것으로 보아 토지의 소유자가 취득한 것으로 본다. 다만, 건축물을 건축하면서 그 건축물에 부수되는 정원 또는 부속시설물 등을 조성·설치하는 경우에는 그 정원 또는 부속시설물 등은 건축물에 포함되는 것으로 보아 건축물을 취득하는 자가 취득한 것으로 본다.

(14) 신탁재산의 위탁자

「신탁법」 제10조에 따라 신탁재산의 위탁자 지위의 이전이 있는 경우에는 새로운 위탁자가 해당 신탁재산을 취득한 것으로 본다. 다만, 위탁자 지위의 이전에도 불구하고 신탁재산에 대한 실질적인 소유권 변동이 있다고 보기 어려운 경우로서 대통령령으로 정하는 경우에는 그러하지 아니하다.

(15) 사업시행으로 환지받은 토지 등

도시개발사업과 정비사업의 시행으로 해당 사업의 대상이 되는 부동산의 소유자가 환지계획 또는 관리처분계획에 따라 공급받거나 토지상환채권으로 상환받는 건축물은 그 소유자가 원시취득한 것으로 보며, 토지의 경우에는 그 소유자가 승계취득 한 것으로 본다. 이 경우 토지는 당초 소유한 토지 면적을 초과하는 경우로서 그 초과한 면적에 해당하는 부분에 한정하여 취득한 것으로 본다.

(16) 대위등기 등의 납세의무자

채권자 대위권에 의한 등기신청을 하려는 채권자는 납세의무자를 대위하여 부동산의 취득에 대한 취득세를 신고납부 할 수 있다. 지방자치단체의 장은 채권자대위자의 신고납부가 있는 경우 납세의무자에게 그 사실을 즉시 통보하여야 한다.

예제

다음은 지방세법의 취득세 납세의무자에 대한 내용이다. 옳은 것은?

① 부동산 등의 취득은 사실상 취득하였으나 민법이나 관계법령에 따른 등기·등록 등을 하지 아니한 경우에는 이를 취득한 것으로 보지 아니한다.

② 주택법에 의한 주택조합 또는 도시 및 주거환경정비법에 의한 재건축조합이 당해 조합원용으로 취득한 조합주택용 부동산의 경우에는 당해 주택조합이 취득한 것으로 보아 납세의무자가 된다.

③ 건축물 중 조작설비로서 그 주체구조부와 하나가 되어 건축물로서의 효용가치를 이루고 있는 것에 대하여는 주체구조부 취득자 외의 자가 가설한 경우에는 가설한 자가 취득한 것으로 본다.

④ 도시개발사업과 정비사업의 시행으로 해당 사업의 대상이 되는 부동산의 소유자가 환지계획 또는 관리처분계획에 따라 공급받거나 토지상환채권으로 상환받는 건축물은 이를 취득으로 보지 아니한다.

⑤ 과점주주 등이 아닌 주주 등이 최초로 과점주주가 된 경우에는 최초로 과점주주가 된 날 현재 과점주주가 소유하고 있는 법인의 주식 등을 모두 취득한 것으로 보아 취득세의 납세의무를 진다.

Solution ⑤

① 부동산 등의 취득은 사실상 취득하였으나 민법이나 관계법령에 따른 등기·등록 등을 하지 아니한 경우에도 취득물건의 소유자나 양수인은 이를 각각 취득한 보고 사실상 취득자는 취득세 납세의무가 있다. 다만, 차량, 기계장비, 선박, 항공기는 제조나 조립 등 원시취득은 과세제외하고 승계취득만 과세한다.

② 주택법에 의한 주택조합 또는 도시 및 주거환경정비법에 의한 재건축조합이 당해 조합원용으로 취득한 조합주택용 부동산의 경우에는 그 조합원이 취득한 것으로 보아 납세의무자가 된다. 다만, 조합원에게 귀속되지 아니하는 부동산은 제외한다.

③ 건축물 중 조작설비로서 그 주체구조부와 하나가 되어 건축물로서의 효용가치를 이루고 있는 것에 대하여는 주체구조부 취득자 외의 자가 가설한 경우에도 주체구조부의 취득자가 함께 취득한 것으로 본다.

④ 도시개발사업과 정비사업의 시행으로 해당 사업의 대상이 되는 부동산의 소유자가 환지계획 또는 관리처분계획에 따라 공급받거나 토지상환채권으로 상환받는 건축물은 그 소유자가 원시취득한 것으로 보며, 토지의 경우에는 그 소유자가 승계취득한 것으로 본다. 이 경우 토지는 당초 소유한 토지 면적을 초과하는 경우로서 그 초과한 면적에 해당하는 부분에 한정하여 취득한 것으로 본다.

제3절 지방세법상 취득시기

❶ 무상승계취득(상속 · 증여 등)

원 칙	상속 이외 무상취득(증여 · 기부 등)	그 계약일
	상속(유증)	상속개시일(유증개시일)
예 외	취득일 전에 등기 또는 등록한 경우	등기일 또는 등록일

☞증여 등의 무상승계취득의 경우 해당 취득물건을 등기 또는 등록을 하지 아니하고 취득일이 속하는 달의 말일로부터 3개월 이내에 민법의 규정에 따른 계약이 해제된 사실이 화해조서, 인낙조서, 공정증서 등에 의하여 입증되는 경우에는 취득한 것으로 보지 아니한다.

❷ 매매 등의 유상승계취득

원 칙	사실상의 잔금지급일 단, 신고인이 제출한 자료로 사실상의 잔금지급일을 확인할 수 없는 경우에는 그 계약상의 잔금지급일(계약상 잔금지급일이 명시되지 않은 경우에는 계약일부터 60일이 경과한 날을 말한다)
예 외	취득일 전에 등기 또는 등록한 경우에는 등기일 또는 등록일

☞매매 등의 유상승계취득의 경우 해당 취득물건을 등기 또는 등록을 하지 아니하고 취득일부터 60일 이내에 민법의 규정에 따른 계약이 해제된 사실이 화해조서, 인낙조서, 공정증서 등에 의하여 입증되는 경우에는 취득한 것으로 보지 아니한다.

❸ 연부취득

(1) **원칙** : 그 사실상의 연부금지급일(매회)

(2) **예외** : 취득일 전에 등기 또는 등록한 경우에는 등기일 또는 등록일

④ 기타 취득의 경우

건축물 건축 또는 개수	사용승인서를 내주는 날(사용승인서를 내주기 전에 임시사용승인을 받은 경우에는 그 임시사용승인일을 말하고, 사용승인서 또는 임시 사용승인서를 받을 수 없는 건축물의 경우에는 사실상 사용이 가능한 날을 말한다)과 사실상의 사용일 중 빠른 날
토지의 지목변경	사실상 지목변경 된 날과 공부상 지목변경한 날 중 빠른 날 다만, 토지의 지목변경일 이전에 사용하는 부분에 대해서는 그 사실상의 사용일
차량 등의 종류변경	사실상 변경된 날과 공부상 변경한 날 중 빠른 날
토지의 매립·간척 조성 원시취득	공사준공인가일 다만, 공사준공일 인가일 전에 사용승낙이나 허가를 받거나 사실상 사용하는 경우에는 사용승낙일·허가일 또는 사실상 사용일 중 빠른 날
민법상 점유취득	취득물건의 등기일 또는 등록일
민법상 재산분할로 인한 취득	취득물건의 등기일 또는 등록일
차량·기계장비·항공기 및 선박의 최초의 취득일	① 주문을 받거나 판매하기 위하여 차량 등을 제조·조립·건조하는 경우 : 실수요자가 차량 등을 인도받는 날과 계약서상의 잔금지급일 중 빠른 날 ② 차량 등을 제조·조립·건조하는 자가 그 차량 등을 직접 사용하는 경우 : 차량 등의 등기 또는 등록일과 사실상의 사용일 중 빠른 날
주택조합의 비조합원용 토지취득	① 주택법에 따른 주택조합이 주택건설사업을 하면서 조합원으로부터 취득하는 토지 중 조합원에게 귀속되지 아니하는 토지를 취득하는 경우 : 사용검사를 받은 날 ② 도시및 주거환경정비법에 따른 주택재건축조합이 주택재건축사업을 하면서 조합원으로부터 취득하는 토지 중 조합원에게 귀속되지 아니하는 토지를 취득하는 경우 : 소유권이전고시일의 다음날

제4절 취득세 과세표준

❶ 취득세 과세표준의 기준

취득세 과세표준은 취득당시의 가액으로 한다. 다만, 연부(年賦)로 취득하는 경우에는 그 연부금액(매회 사실상 지급되는 연부금액을 말하며, 취득금액에 포함되는 계약보증금을 포함)으로 한다.

▷ 취득물건이 둘 이상의 시·군에 걸쳐 있는 경우 각 시·군에 납부할 취득세를 산출할 때 그 과세표준은 취득당시의 가액을 취득물건의 소재지별 시가표준액 비율로 나누어 계산한다.

▷ 부동산, 차량, 기계장비 또는 항공기는 해당 물건을 취득하였을 때의 사실상의 현황에 따라 부과한다. 다만, 취득하였을 때의 사실상 현황이 분명하지 아니한 경우에는 공부(公簿)상의 등재 현황에 따라 부과한다.

❷ 무상취득의 경우 과세표준

부동산 등을 무상취득하는 경우 취득당시의 가액은 취득시기 현재 불특정 다수인 사이에 자유롭게 거래가 이루어지는 경우 통상적으로 성립된다고 인정되는 가액(시가인정액)으로 한다. 이 경우 시가인정액은 매매사례가액, 감정가액, 공매가액 등 대통령령으로 정하는 바에 따라 시가로 인정되는 가액을 말한다.

다만, 다음의 경우에는 다음과 같이 정한 가액을 취득당시 가액으로 한다.

---
① 상속에 따른 무상취득의 경우 : 시가표준액
② 대통령령으로 정하는 가액(시가표준액이 1억원)이하의 부동산 등을 무상취득하는 경우 :
   시가인정액과 시가표준액 중에서 납세자가 정하는 가액
③ ① 및 ②에 해당하지 아니하는 경우 : 시가인정액으로 하되, 시가인정액을 산정하기 어려운 경우에는 시가표준액
---

❸ 유상승계취득의 경우 과세표준

부동산 등을 유상거래(매매 또는 교환 등 취득에 대한 대가를 지급하는 거래를 말한다)로 승계취득하는 경우 취득당시가액은 취득시기 이전에 해당 물건을 취득하기 위하여 거래상대방이나 제3자에게 지급하였거나 지급하여야 할 일체의 비용으로서 사실상의 취득가격으로 한다.

지방자치단체의 장은 특수관계인 간의 거래로 그 취득에 대한 조세부담을 부당하게 감소시키는 행위 또는 계산을 한 것으로 인정되는 경우에는 시가인정액을 취득당시 가액으로 결정할 수 있다.

④ 원시취득의 경우 과세표준

부동산 등을 원시취득하는 경우 취득당시 가액은 사실상 취득가격으로 한다.

다만, 법인이 아닌 자가 건축물을 건축하여 취득하는 경우로서 사실상 취득가격을 확인할 수 없는 경우의 취득당시 가액은 시가표준액으로 한다.

◆ 유상·무상·원시취득의 경우 과세표준에 대한 특례

> ① **대물변제** : 대물변제액(대물변제액 외에 추가로 지급한 금액이 있는 경우에는 그 금액을 포함한다). 다만, 대물변제액이 시가인정액보다 적은 경우 취득당시가액은 시가인정액으로 한다.
> ② **교환** : 교환을 원인으로 이전받는 부동산 등의 시가인정액과 이전하는 부동산 등의 시가인정액(상대방에게 추가로 지급하는 금액과 상대방으로부터 승계받는 채무액이 있는 경우 그 금액을 더하고, 상대방으로부터 추가로 지급받는 금액과 상대방에게 승계하는 채무액이 있는 경우 그 금액을 차감한다) 중 높은 가액
> ③ **양도담보** : 양도담보에 따른 채무액(채무액 외에 추가로 지급한 금액이 있는 경우 그 금액을 포함한다). 다만, 그 채무액이 시가인정액보다 적은 경우 취득당시가액은 시가인정액으로 한다.

⑤ 취득으로 보는 경우의 과세표준

(1) 토지의 지목변경 및 차량 등의 용도 등 변경

취득당시 가액은 그 변경으로 증가한 가액에 해당하는 사실상 취득가격으로 한다. 다만, 법인이 아닌 자에 해당하는 경우로서 사실상 취득가격을 확인할 수 없는 경우 취득당시 가액은 시가표준액을 대통령령으로 정하는 방법에 따라 계산한 가액으로 한다.

(2) 건축물을 개수하는 경우

취득당시 가액은 원시취득의 경우 과세표준(사실상 취득가격)을 따른다.

(3) 과점주주가 취득한 것으로 보는 해당 법인의 부동산 등에 대한 과세표준

과점주주가 취득한 것으로 보는 해당 법인의 부동산 등의 취득당시 가액은 해당 법인의 결산서와 그 밖의 장부 등에 따른 그 부동산 등의 총가액을 그 법인의 주식 또는 출자의 총수로 나눈 가액에 과점주주가 취득한 주식 또는 출자의 수를 곱한 금액으로 한다. 다만, 설립시의 과점주주는 취득으로 보지 아니한다.

$$\text{과세표준} = \text{부동산 등 취득세 과세대상 총가액} \times \frac{\text{과점주주가 취득한 주식 또는 출자의 수}}{\text{법인의 주식 또는 출자의 총수}}$$

① 법인의 과점주주가 아닌 주주 등이 다른 주주 등의 주식 또는 지분을 취득하거나 증자 등으로 최초로 과점주주가 된 경우에는 최초로 과점주주가 된 날 현재 해당 과점주주가 소유하고 있는 법인의 주식 등을 모두 취득한 것으로 보아 취득세를 부과한다.

② 이미 과점주주가 된 주주 등이 해당 법인의 주식 등을 취득하여 과점주주가 가진 주식 등의 비율이 증가된 경우에는그 증가분을 취득으로 보아 취득세를 부과한다.

③ 과점주주였으나 주식 등의 양도, 해당 법인의 증자 등으로 과점주주에 해당하지 아니하게 되었다가 해당 법인의 주식 등을 취득하여 다시 과점주주가 된 경우에는 다시 과점주주가 된 당시의 주식 등의 비율이 그 이전에 과점주주가 된 당시의 주식 등의 비율보다 증가된 경우에만 그 증가분만을 취득으로 보아 취득세를 부과한다.

---

1. 설립시 60% 과점주주(○) : 취득세 납세의무가 없음
2. 설립이후 최초과점주주가 된 경우 : 과점주주의 지분을 모두 취득으로 본다.
    예 설립시 40% 과점주주(×) → 설립이후 60% 과점주주(○) : 과점주주 지분 60% 모두 취득으로 본다.
3. 재차과점주주가 된 경우 : 종전 과점주주의 지분비율보다 증가분을 취득으로 본다.
    예 60% 과점주주(○) → 40% 과점주주(×) → 70% 재차과점주주(○) : 이전의 과점주주(60%)보다 증가분 10% 취득의제
4. 과점주주의 지분비율의 증가 : 종전보다 증가분만 적용
    예 60% 과점주주(○) → 70% 과점주주(○) : 10% 취득의제
5. 과점주주 집단 내부 및 특수관계자간의 주식거래가 발생하여 과점주주가 소유한 총 주식의 비율에 변동이 없다면 과점주주 간주취득세의 납세의무는 없다.

📝 **과점주주** : 주주 또는 유한책임사원 1명과 그의 특수관계인 중 일정한 자로서 그들의 소유주식의 합계 또는 출자액의 합계가 해당 법인의 발행주식 총수 또는 출자총액의 100분의 50을 초과하면서 그에 관한 권리를 실질적으로 행사하는 자들을 말한다.

(4) 부동산 등을 한꺼번에 취득한 경우

부동산 등을 한꺼번에 취득하여 각 과세물건의 취득 당시의 가액이 구분되지 않는 경우에는 한꺼번에 취득한 가격을 각 과세물건별 시가표준액 비율로 나눈 금액을 각각의 취득 당시의 가액으로 한다.

❻ 사실상 취득가격의 범위 등

사실상의 취득가격("사실상 취득가격")이란 해당 물건을 취득하기 위하여 거래상대방 또는 제3자에게 지급했거나 지급해야 할 직접비용과 다음에 해당하는 간접비용의 합계액을 말한다. 다만, 취득대금을 일시급 등으로 지급하여 일정액을 할인받은 경우에는 그 할인된 금액으로 하고, 법인이 아닌 자가 취득한 경우에는 ①, ② 또는 ⑦의 금액을 제외한 금액으로 한다.

> ① 건설자금에 충당한 차입금의 이자 또는 이와 유사한 금융비용.
>   다만, 법인이 아닌 자가 취득하는 경우는 취득가격에서 제외한다.
> ② 할부 또는 연부(年賦) 계약에 따른 이자상당액 및 연체료.
>   다만, 법인이 아닌 자가 취득하는 경우는 취득가격에서 제외한다.
> ③ 농지보전부담금 등 관계법령에 따라 의무적으로 부담하는 비용
> ④ 취득에 필요한 용역을 제공받은 대가로 지급하는 용역비·수수료
> ⑤ 취득대금 외에 당사자 약정에 의한 취득자 조건부담액과 채무인수액
> ⑥ 부동산을 취득하는 경우 「주택도시기금법」에 따라 매입한 국민주택채권을 해당 부동산의 취득 이전에 양도함으로써 발생하는 채권매각차손
>   이 경우 금융회사 등 외의 자에게 양도한 경우에는 동일한 날에 금융회사 등에 양도하였을 경우 발생하는 매각차손을 한도로 한다.
> ⑦ 공인중개사법에 따른 공인중개사에게 지급한 중개보수.
>   다만, 법인이 아닌 자가 취득하는 경우에는 취득가격에서 제외
> ⑧ 붙박이 가구·가전제품 등 건축물에 부착되거나 일체를 이루면서 건축물의 효용을 유지 또는 증대시키기 위한 설비·시설 등의 설치비용
> ⑨ 정원 또는 부속시설물 등을 조성·설치하는 비용
> ⑩ 위에 준하는 비용

다만, 다음 각 어느 하나에 해당하는 비용은 사실상 취득가격에 포함하지 않는다.

> ① 취득하는 물건의 판매를 위한 광고선전비 등의 판매비용과 그와 관련된 부대비용
> ② 전기사업법 등 전기·가스·열 등을 이용하는 자(또는 사용하는 자)가 분담하는 비용

③ 이주비, 지장물 보상금 등 취득물건과는 별개의 권리에 관한 보상성격으로 지급되는 비용
④ 부가가치세
⑤ 위에 준하는 비용

예제

지방세법상 취득세 과세표준에 관한 설명으로 틀린 것은?

① 취득세의 과세표준은 취득당시의 가액으로 한다. 다만, 연부로 취득하는 경우 취득세의 과세표준은 연부금액(매회 사실상 지급되는 금액)으로 한다.

② 부동산 등을 증여 등 무상취득하는 경우 제10조에 따른 취득당시의 가액은 지방세법 제4조에 따른 시가표준액으로 한다.

③ 부동산 등을 유상거래로 승계취득하는 경우 취득당시 가액은 취득시기 이전에 해당 물건을 취득하기 위하여 거래상대방이나 제3자에게 지급했거나 지급해야 할 일체의 비용으로서 대통령령으로 정하는 사실상의 취득가격으로 한다.

④ 부동산 등을 한꺼번에 취득하여 각 과세물건의 취득 당시의 가액이 구분되지 않는 경우에는 한꺼번에 취득한 가격을 각 과세물건별 시가표준액 비율로 나눈 금액을 각각의 취득 당시의 가액으로 한다.

⑤ 부동산 등을 원시취득하는 경우 취득당시 가액은 사실상 취득가격으로 한다. 다만, 법인이 아닌 자가 건축물을 건축하여 취득하는 경우로서 사실상 취득가격을 확인할 수 없는 경우의 취득당시 가액은 지방세법 제4조에 따른 시가표준액으로 한다.

Solution ②

부동산 등을 증여 등 무상취득하는 경우 제10조에 따른 취득당시의 가액은 취득시기 현재 불특정 다수인 사이에 자유롭게 거래가 이루어지는 경우 통상적으로 성립된다고 인정되는 가액(매매사례가액, 감정가액, 공매가액 등 대통령령으로 정하는 바에 따라 시가로 인정되는 가액을 말하며, "시가인정액"이라 한다)으로 한다. 다만, 상속에 따른 무상취득의 경우에는 지방세법 제4조에 따른 시가표준액으로 한다.

제5절 취득세 세율(부동산취득 중심)

1 표준세율 : 통상적용세율

부동산에 대한 취득세는 취득 원인별 · 취득물건별로 구분하여 과세표준에 다음에 해당하는 표준세율을 적용하여 계산한 금액을 그 산출세액으로 한다.

취득원인 및 취득물건		세 율
유상승계 (매매, 교환, 현물출자, 공매, 경매 등)	농지 (논, 밭, 과수원, 목장용지)	1천분의 30(3%)
	주택	6억원 이하 : 1천분의 10(1%)
		6억원 초과 9억원이하 $\left(해당주택\,취득가액 \times \dfrac{2}{3억원} - 3 \right) \times \dfrac{1}{100}$
		9억원 초과 : 1천분의 30(3%)
	농지, 주택 이외 부동산 (임야, 상가 등)	1천분의 40(4%)
상속	농지 (논, 밭, 과수원, 목장용지)	1천분의 23(2.3%)
	농지 외의 부동산 (주택, 임야, 상가 등)	1천분의 28(2.8%)
상속 외의 무상취득 (증여, 기부 등)	일반적인 경우	1천분의 35(3.5%)
	비영리사업자(사회복지법인 등) 인 경우	1천분의 28(2.8%)
원시취득	신축, 재축, 토지의 조성 등	1천분의 28(2.8%)
합유물 · 총유물의 분할로 인한 취득		1천분의 23(2.3%)
공유물의 분할 또는 부동산의 공유권 해소를 위한 지분이전으로 인한 취득		1천분의 23(2.3%)

1. 상속 또는 유상승계 취득하는 경우 농지
   농지란 취득당시 공부상 지목이 논, 밭 또는 과수원, 목장용지인 토지로서 실제농작물의 경작이나 다년생식물의 재배지로 이용되는 토지를 말한다.

2. 건축(신축과 재축은 제외) 또는 개수로 인하여 건축물 면적이 증가한 경우

그 증가된 부분에 대하여 원시취득으로 보아 1천분의 28(2.8%)의 세율을 적용한다.

3. 주택을 신축 또는 증축한 이후 해당 주거용 건축물의 소유자가 해당 주택의 부속토지를 취득하는 경우

주택을 신축 또는 증축한 이후 해당 주거용 건축물의 소유자(배우자 및 직계존비속을 포함)가 해당 주택의 부속토지를 취득하는 경우에는 유상거래를 원인으로 주택을 취득하는 경우의 세율을 적용하지 아니한다. 즉, 주택 이외 토지 취득의 세율(1천분의 40)을 적용한다.

4. 법인의 주택 취득 등의 중과

주택(주택의 공유지분이나 부속토지만을 소유하거나 취득하는 경우에도 주택을 소유하거나 취득한 것으로 본다)을 유상거래를 원인으로 취득하는 경우에는 다음에 따른 세율을 적용한다. 다만, 시가표준액이 1억원 이하인 주택은 중과세대상으로 보지 아니한다.

① 법인이 주택을 취득하는 경우

1천분의 40(4%)을 표준세율로 하여 해당 세율에 중과기준세율(1천분의 20)의 100분의 400을 합한 세율(12%)을 적용한다.

② 1세대 2주택(일시적 2주택은 제외)에 해당하는 주택으로서 조정대상지역에 있는 주택을 취득하는 경우 또는 1세대 3주택에 해당하는 주택으로서 조정대상지역 외의 지역에 있는 주택을 취득하는 경우

1천분의 40(4%)을 표준세율로 하여 해당 세율에 중과기준세율(1천분의 20)의 100분의 200을 합한 세율(8%)을 적용한다.

③ 1세대 3주택 이상에 해당하는 주택으로서 조정대상지역에 있는 주택을 취득하는 경우 또는 1세대 4주택 이상에 해당하는 주택으로서 조정대상지역 외의 지역에 있는 주택을 취득하는 경우

1천분의 40(4%)을 표준세율로 하여 해당 세율에 중과기준세율(1천분의 20)의 100분의 400을 합한 세율(12%)을 적용한다.

2 탄력세율

지방자치단체의 장은 조례로 정하는 바에 따라 취득세의 세율을 표준세율의 100분의 50의 범위 내에서 가감할 수 있다.

❸ 취득세 중과세

적용대상		중과세율
사치성재산 (회원제 골프장, 고급주택, 고급오락장, 고급선박)		표준세율 + 중과기준세율*의 100분의 400(4배)
과밀억제 권역내	법인의 본점이나 주사무소의 사업용 부동산의 취득	표준세율 + 중과기준세율*의 100분의 200(2배)
	공장을 신·증설을 위한 사업용 과세물건의 취득	
대도시내	법인의 설립·설치 등에 따른 부동산 취득	표준세율 × $\dfrac{300}{100}$ - 중과기준세율*의100분의 200(2배)
	공장의 신설·증설에 따른 부동산 취득	

📝 **중과기준세율**이란 표준세율에 가감하거나 세율의 특례 적용기준이 되는 세율로서 1천분의 20(2%)을 말한다.

(1) 사치성 재산

취득세 중과세대상인 사치성 재산에는 회원제 골프장·고급오락장·고급주택·고급선박이 있으며, 이러한 사치성 재산을 취득하는 경우 취득세는 표준세율에 중과기준세율(1천분의 20)의 100분의 400(4배)을 합한 세율을 적용하여 계산한 금액을 그 세액으로 한다.

$$\text{표준세율} + 8\% (= \text{중과기준세율 } 2\% \times \frac{400}{100})$$

1) 회원제 골프장(건축물 및 부속토지) 및 토지상의 입목

등록하거나 등록하지 아니하고 사실상 사용하는 경우에 중과세를 적용한다.
단, 승계취득은 중과세 제외하고 일반과세를 적용한다.

2) 고급오락장 건축물과 부속토지 : **도박장 등**

단, 취득일부터 60일 이내에 고급오락장이 아닌 용도로 사용하거나, 고급오락장이 아닌 용도로 사용하기 위하여 용도변경공사를 착공하는 경우에는 사치성재산인 고급오락장에 해당하지 아니한다.

3) 고급주택(부속토지 포함)

다음에 해당하는 주택은 사치성 재산인 고급주택에 해당한다. 단. 취득일부터 60일 이내에 주거용이 아닌 용도로 사용하거나, 고급주택이 아닌 용도로 사용하기 위하여 용도변경공사를 착공하는 경우에는 사치성재산인 고급주택에 해당하지 아니한다.

구 분		면적 또는 시설	주택 공시가격
단독 주택	건물	1구 건물연면적 331m² 초과(주차장면적 제외)	9억초과
	대지	1구의 건축물 대지면적 662m² 초과	9억초과
	시설	1구의 건축물에 엘리베이터(적재하중 200kg 이하의 소형 엘리베이터 제외)가 설치된 주거용 건축물과 부속토지	9억초과
		1구의 건축물에 에스컬레이터 또는 67m² 이상의 풀장 중 1개 이상의 시설이 설치된 주거용 건물(공동주택 제외)과 그 부속토지	
공동 주택		1구의 건물의 연면적(공용면적 제외)이 245m² [복층형의 경우는 274m² (각층의 면적이 245m²를 초과하는 것 제외)]를 초과하는 주거용 공동주택과 그 부속토지	9억초과

4) 고급선박

비업무용 자가용선박으로서 시가표준액이 3억원을 초과하는 선박

🗒 고급오락장, 고급주택의 부속토지의 경계가 명확하지 아니할 때에는 그 건축물 바닥면적의 10배에 해당하는 토지를 그 부속토지로 본다.

(2) 과밀억제권역안의 취득 등의 중과세

즉 표준세율에 중과기준세율(1천분의 20)의 100분의 200(2배)을 합한 세율을 적용하여 그 세액으로 한다.

$$표준세율 + 4\%(= 중과기준세율\ 2\% \times \frac{200}{100})$$

1) 과밀억제권역에서 법인(비영리법인 포함)의 본점 또는 주사무소의 사업용 부동산의 취득

과밀억제권역에서 법인의 본점이나 주사무소의 사업용 부동산을 취득(신축하거나 증축하는 경우만 해당)하는 경우

2) 과밀억제권에서 공장의 신설·증설하기 위한 사업용 과세물건의 취득

① 중과세대상지역 : 과밀억제권역(단, 산업단지, 공업지역, 유치지역은 제외)

② 업종 : 비도시형업종(은행업, 할부금융업, 의료업 등 도시형 업종은 제외)

③ 신설 공장의 범위 : 생산설비 + 건축물 연면적 $500m^2$ 이상

④ 증설 공장의 범위 : 연면적의 100분의 20 이상 또는 $330m^2$를 초과하여 증설

⑤ 중과세 적용 자산 : 공장의 건축물과 부속토지, 차량 및 기계장비

⑥ 중과세 제외대상

> ·공장의 포괄적 승계취득
> ·부동산을 취득한 날로부터 5년이 경과한 후 공장을 신·증설하는 경우
> ·기존 공장(승계취득한 공장을 포함)의 업종을 변경하는 경우 등

(3) 대도시(과밀억제권역에서 산업단지 제외)안의 부동산취득에 대한 중과세

표준세율의 100분의 300(3배)에서 중과기준세율(1천분의 20)의 100분의 200(2배)를 뺀 세율을 적용한다. 다만, 유상거래를 원인으로 주택을 취득하는 경우 취득세는 표준세율과 중과기준세율의 100분의 200을 합한 세율을 적용한다.

$$적용세율 = 표준세율 \times \frac{300}{100} - 4\%(= 중과기준세율\ 2\% \times \frac{200}{100})$$

1) 대도시(산업단지는 제외)에서 법인을 설립(휴면법인을 인수하는 경우 포함)하거나 지점 또는 분사무소를 설치하는 경우 및 법인의 본점 등을 대도시로 전입함에 따라 대도시내 부동산취득 다만, 다음의 경우에는 중과세 제외한다.

> ① 산업단지
> ② 대도시중과제외업종(할부금융업, 의료업, 보험업 등)에 직접 사용할 목적으로 부동산을 취득
> ③ 법인이 사원에게 분양 또는 임대용으로 직접 사용할 목적으로 사원주거용 목적 부동산(1구의 건축물의 연면적이 $60m^2$ 이하인 공동주택 및 그 부속토지를 말함)

2) 대도시(공장 유치지역 및 공업지역 제외)안에서 공장의 신설하거나 증설시 부동산취득

📝 과밀억제권역 안 법인의 부동산 취득 등과 대도시 안 법인의 설립 등에 따른 부동산 취득 등이 동시에 적용되는 과세물건에 대한 취득세율은 해당 중과세율에도 불구하고 표준세율의 100분의 300(3배)으로 한다.

❹ 취득세 세율의 특례

(1) 형식적 취득 등에 대한 세율 적용의 특례

표준세율에서 중과기준세율(1천분의 20)을 뺀 세율로 산출한 금액을 그 세액으로 한다. 다만, 유상거래를 원인으로 주택의 취득에 대한 취득세는 해당 세율에 100분의 50을 곱한 세율을 적용하여 산출한 금액을 그 세액으로 한다.

> 적용세율 = 표준세율 − 중과기준세율 (1천분의 20)

① 환매등기를 병행하는 부동산의 매매로서 환매기간 내에 매도자가 환매한 경우의 그 매도자와 매수자의 취득

② 상속으로 인한 1가구 1주택 및 그 부속토지의 취득(고급주택은 제외)과 상속으로 취득세의 감면대상이 되는 농지의 취득

③ 공유물·합유물의 분할 또는 부동산의 공유권해소를 위한 지분이전으로 인한 취득(본인지분을 초과하는 부분은 제외)

④ 건축물의 이전으로 인한 취득(다만, 이전한 건축물의 가액이 종전 건축물의 가액을 초과하는 경우에 그 초과하는 가액은 제외)

⑤ 「민법」 제834조, 제839조의 2(이혼한 자의 재산분할청구권), 제840조에 따른 재산분할로 인한 취득

⑥ 법인의 합병으로 인한 취득

⑦ 그 밖의 형식적인 취득 등 대통령령으로 정하는 입목의 취득

(2) 중과기준세율(1천분의 20 즉 2%) 적용

① 건축물의 개수로 인한 취득(면적이 증가하는 개수에 해당하는 경우는 제외)
  단, 면적이 증가하는 개수에 해당하는 경우에는 원시취득에 대한 세율(1천분의 28)을 적용한다.

② 선박, 차량과 기계장비의 종류변경 및 토지의 지목변경으로 가액 증가

③ 법인의 주식 또는 지분을 취득함으로써 과점주주가 된 경우 그 과점주주의 취득

④ 외국인 소유의 취득세 과세대상 물건(차량, 기계장비, 항공기 및 선박 만 해당)을 임차하여 수입하는 경의 취득(연부취득 하는 경우만 적용)

⑤ 무덤과 이에 접속된 부속시설물의 부지로서 지적공부상 지목이 묘지인 토지의 취득

⑥ 임시흥행장, 공사현장사무소 등 임시건축물로 존속기간이 1년을 초과하는 경우 등

⑤ 세율적용

(1) 토지나 건축물을 취득한 후 5년 이내에 해당 토지나 건축물이 다음과 같이 중과세대상에 해당하게 된 경우에는 해당 중과세율을 적용하여 취득세를 추징한다.

> ① 사치성재산인 골프장, 고급주택, 고급오락장
> ② 과밀억제권역안 법인의 본점이나 주사무소의 사업용 부동산(신축, 증축시)
> ③ 과밀억제권역안 공장의 신설용 또는 증설용 부동산

(2) 고급주택, 골프장 또는 고급오락장용 건축물을 증축·개축 또는 개수한 경우와 일반건축물을 증축·개축 또는 개수하여 고급주택 또는 고급오락장이 된 경우에 그 증가되는 건축물의 가액에 대하여 적용할 취득세의 세율은 표준세율에 중과기준세율(1천분의 20)의 100분의 400(4배)을 합한 세율을 적용한다.

(3) 과밀억제권역안의 공장 신설 또는 증설의 경우에 사업용 과세물건의 소유자와 공장을 신설하거나 증설한 자가 다를 때에는 그 사업용 과세물건의 소유자가 공장을 신설하거나 증설한 것으로 보아 중과세율을 적용한다.

(4) 같은 취득물건에 대하여 둘 이상의 세율이 해당되는 경우에는 그 중 높은 세율을 적용한다.

예제

1. 지방세법상 취득세액을 계산할 때 과세표준에 중과기준세율(1천분의 20)만을 적용하는 경우를 모두 고른 것은? (단, 취득세 중과세 물건이 아님)

ㄱ. 건축물 개수로 인하여 면적이 증가하는 경우 그 증가된 부분
ㄴ. 무덤과 이에 접속된 부속시설물의 부지로서 지적공부상 지목이 묘지인 토지의 취득
ㄷ. 설립 이후 법인의 주식 또는 지분을 취득함으로써 과점주주가 된 경우 그 과점주주의 취득
ㄹ. 환매등기를 병행하는 부동산의 매매로서 환매기간 내에 매도자가 환매한 경우의 그 매도자와 매수자의 취득
ㅁ. 선박, 차량과 기계장비의 종류변경 및 토지의 지목변경으로 가액 증가
ㅂ. 상속으로 1가구 1주택의 취득(단, 고급주택은 제외)

① ㄱ, ㄴ, ㅁ　　　② ㄱ, ㄹ　　　③ ㄴ, ㄷ, ㅁ
④ ㄱ ,ㄷ, ㄹ　　　⑤ ㄴ, ㄷ, ㄹ, ㅁ

Solution ③

ㄱ. 건축물 개수로 인하여 면적이 증가하는 경우 그 증가된 부분 : 원시취득으로 보고 1천분
　의 28을 적용하여 그 세액으로 한다. 단, 면적증가가 아닌 건축물의 개수로 인한 경우
　에는 중과기준세율 1천분의 20을 적용한다.
ㄹ. 환매등기를 병행하는 부동산의 매매로서 환매기간 내에 매도자가 환매한 경우의 그 매
　도자와 매수자의 취득 : 표준세율에서 중과기준세율 1천분의 20을 뺀 세율을 적용하여
　그 세액으로 한다.
ㅂ. 상속으로 1가구 1주택의 취득(단, 고급주택은 제외) : 표준세율에서 중과기준세율 1천분
　의 20을 뺀 세율을 적용하여 그 세액으로 한다.

2. 지방세법상 부동산취득에 대한 취득세 세율에 대한 설명 중 틀린 것은?

① 일반적인 증여나 기부 등으로 인한 취득의 경우 표준세율은 부동산가액의 1천분
　의 35이다. 다만, 법령으로 정한 비영리사업자(사회복지법인 등)의 상속 외의 증
　여나 기부에 의한 무상취득은 부동산가액의 1천분의 28이다.
② 지방자치단체의 장은 조례가 정하는 바에 의하여 취득세 세율을 표준세율의 100
　분의 50의 범위 안에서 가감조정 할 수 있다.
③ 민법 제839조의 2(이혼한 자의 재산분할청구권) 및 제843조에 따른 재산분할로
　인한 취득의 경우 부동산취득은 중과기준세율(1,000분의 20)을 적용한다.
④ 매매나 교환에 의한 농지(논, 밭, 과수원 및 목장용지)의 소유권을 취득하는 경우
　취득세 표준세율은 부동산가액의 1천분의 30으로 하고, 농지 외의 부동산(주택은
　제외)의 소유권을 취득하는 경우 표준세율은 1천분의 40으로 한다.
⑤ 같은 취득물건에 대하여 2 이상의 세율이 해당되는 경우 취득세 세율은 그중 높
　은 세율을 적용한다.

Solution ③

민법 제839조의 2(이혼한 자의 재산분할청구권) 및 제843조에 따른 재산분할로 인한 취득
의 경우 부동산취득은 표준세율에서 중과기준세율(1,000분의 20)을 뺀 세율로 산출한 금액을
그 세액으로 한다.

제6절 취득세 부과 · 징수

❶ 원칙 : 신고납부

일반적인 취득	취득세 과세물건을 취득한 자는 그 취득한 날(「부동산 거래신고 등에 관한 법률」에 따른 토지거래계약에 관한 허가구역에 있는 토지를 취득하는 경우로서 토지거래계약에 관한 허가를 받기 전에 거래대금을 완납한 경우에는 그 허가일이나 허가구역의 지정해제일 또는 축소일)부터 60일이내
무상취득 (상속은 제외)	취득일이 속하는 달의 말일부터 3개월이내
상속취득	상속개시일이 속하는 달의 말일부터 6개월(외국에 주소를 둔 상속인이 있는 경우에는 9개월)이내
과세 ⇨ 중과세	중과세율을 적용하여 산출한 세액에서 이미 납부한 세액(가산세는 제외)을 공제한 금액을 중과세대상이 된 날로부터 60일 이내 · **부족세액** : 중과세율 적용 산출세액 − 이미 납부한 세액(가산세 제외)
비과세 ⇨ 과세	해당세율을 적용하여 산출한 세액[경감받은 경우에는 이미 납부한 세액(가산세는 제외)을 공제한 세액을 말함]을 사유발생일로부터 60일 이내 · **경감받은 경우 부족세액** : 산출한 세액 − 이미 납부한 세액(가산세 제외)
등기나 등록을 하는 경우	신고 · 납부기한 이내에 재산권과 그 밖의 권리의 취득 · 이전에 관한 사항을 공부(公簿)에 등기하거나 등록하려는 경우에는 등기 또는 등록의 신청서를 등기 또는 등록관서에 접수하는 날까지

❷ 예외 : 보통징수방법(신고납부의무를 다하지 아니한 경우)

일반 가산세	(1) 신고관련가산세(또는 신고불성실가산세) 　① 무신고가산세 : 납부세액 × 100분의 20 　② 과소신고가산세 또는 초과환급과다신고 가산세 : 과소신고분세액 × 100분의 10 　③ 사기나 기타 부정한 행위로 무신고가산세 : 납부세액 × 100분의 40 　④ 사기나 기타 부정한 행위로 과소신고가산세 : 부정과소로 인한 세액 × 100분의 40 (2) 납부지연가산세 : 납부하지 아니한 세액 또는 과소신고미납세액 × 대통령령으로 정하는 이자율(1일당 1십만분의 22)×미납기간일수
중가산세	납세의무자가 취득세 과세물건을 사실상 취득한 후 신고하지 아니하고 매각하는 경우에는 산출세액에 100분의 80을 가산한 금액을 세액으로 하여 보통징수방법으로 징수한다. 단, 다음에 해당하는 과세물건에 대하여는 중가산세제외 ① 취득세 과세물건 중 등기 또는 등록이 필요하지 아니하는 과세물건 ② 토지의 지목변경, 과점주주의 주식 취득 등 취득의제

❸ 기타 부과징수 사항

(1) 장부 등의 작성과 보존의무

취득세 납세의무가 있는 법인의 장부의 작성과 보존의무를 이행하지 아니한 경우 산출된 세액 또는 부족세액의 100분의 10에 상당하는 금액을 징수하여야 할 세액에 가산하여 징수한다.

(2) 가산세 적용 배제

납세의무자가 신고기한까지 취득세를 시가인정액으로 신고한 후 지방자치단체의 장이 세액을 경정하기 전에 그 시가인정액을 수정신고한 경우에는 「지방세기본법」 제53조(무신고가산세) 및 제54조(과소신고가산세)에 따른 가산세를 부과하지 아니한다.

(3) 면세점

취득가액이 50만원 이하인 경우에는 취득세를 부과하지 아니한다. 이때에 토지나 건축물을 취득한 자가 그 취득한 날로부터 1년 이내에 그에 인접한 토지나 건축물을 취득한 경우에는 각각 그 전후의 취득에 관한 토지나 건축물의 취득을 1건 또는 1구의 취득으로 보아 면세점을 적용한다.

(4) 납세지

① 취득물건의 소재지 또는 시설의 소재지나 보관소 소재지 (예 부동산취득 : 부동산소재지 등)
② 같은 취득물건이 2 이상의 지방자치단체에 걸쳐 있는 경우 : 지방자치단체 소재지별로 안분
③ 납세지가 분명하지 아니한 경우 : 취득물건의 소재지

(5) 부가세

농어촌 특별세	취득물건에 대하여 과세표준에 표준세율을 100의 2로 적용하여 산출한 금액의 100분의 10의 세율을 곱하여 계산한 금액
	취득세 감면세액의 100분의 20
지방교육세	취득물건에 대하여 과세표준에 표준세율에서 100의 2를 뺀 세율을 적용하여 산출한 금액의 100분의 20 다만, 유상거래를 원인으로 주택을 취득하는 경우에는 해당 세율에 100분의 50을 곱한 세율을 적용하여 산출한 금액의 100분의 20

예제

지방세법상 취득세 부과·징수에 관한 설명으로 틀린 것은?

① 납세의무자가 취득세 과세물건을 사실상 취득한 후 신고를 하지 아니하고 매각하는 경우에는 산출세액에 100분의 80을 가산한 금액을 세액으로 하여 보통징수의 방법으로 징수한다.

② 국가, 지방자치단체 또는 지방자치단체조합이 취득세 과세물건을 매각(연부로 매각한 것을 포함)하면 매각일로부터 60일 이내에 그 물건 소재지를 관할하는 지방자치단체의 장에게 통보하거나 신고하여야 한다.

③ 등기·등록관서의 장은 취득세가 납부되지 아니하였거나 납부부족액을 발견하였을 때에는 다음달 10일까지 납세지를 관할하는 시장·군수 또는 구청장에게 통보하여야 한다.

④ 토지나 건축물을 취득한 자가 그 취득한 날부터 1년 이내에 그에 인접한 토지나 건축물을 취득한 경우에는 그 전후의 취득에 관한 토지나 건축물의 취득을 1건 또는 1구의 토지 또는 건축물의 취득으로 보아 면세점을 적용한다.

⑤ 신고·납부기한 이내에 재산권과 그 밖의 권리의 취득·이전에 관한 사항을 공부(公簿)에 등기하거나 등록하려는 경우에는 등기 또는 등록신청서를 등기·등록관서에 접수하는 날까지 취득세를 신고납부하여야 한다.

Solution ②

② 국가, 지방자치단체 또는 지방자치단체조합이 취득세 과세물건을 매각(연부로 매각한 것을 포함)하면 매각일로부터 30일 이내에 그 물건 소재지를 관할하는 지방자치단체의 장에게 통보하거나 신고하여야 한다.

제7절 취득세 비과세

① 국가 등의 비과세

(1) 국가, 지방자치단체, 지방자치단체조합, 외국정부 및 주한국제기구의 취득

다만, 대한민국 정부기관의 취득에 대하여 과세하는 외국정부의 취득에 대하여는 취득세를 부과한다.

(2) 국가, 지방자치단체 또는 지방자치단체조합에 귀속 또는 기부채납을 조건으로 취득하는 부동산

다만, 다음의 경우에는 취득세를 부과한다.

① 귀속 등의 조건을 이행하지 아니하고 타인에게 매각·증여하거나 이행하지 아니하는 것으로 조건이 변경되는 경우

② 반대급부로 무상으로 양여받거나 기부채납대상물의 무상사용권을 제공받는 경우

② 형식적인 소유권 취득 등에 대한 비과세

(1) 신탁(「신탁법」에 따른 신탁으로서 신탁등기가 병행되는 것만 해당)으로 인한 신탁재산의 취득

> ① 위탁자로부터 수탁자에게 신탁재산을 이전하는 경우
> ② 신탁의 종료로 인하여 수탁자로부터 위탁자에게 신탁재산을 이전하는 경우
> ③ 수탁자가 변경되어 신수탁자에게 신탁재산을 이전하는 경우

다만, 신탁재산의 취득 중 주택조합 등과 조합원간의 부동산 취득 및 주택조합 등의 비조합원용 부동산 취득은 과세한다.

(2) 법률에 따른 환매권의 행사로 매수하는 부동산의 취득

(3) 임시흥행장, 공사현장사무소 등 임시건축물의 취득

다만, 고급주택 및 고급오락장 등 사치성 재산과 존속기간이 1년을 초과하는 경우에는 취득세를 부과한다.

(4) 주택법에 따른 공동주택의 개수(건축법에 따른 대수선은 제외)로 인한 취득

개수로 인한 취득당시 주택의 시가표준액이 9억원 이하의 주택과 관련된 개수로 인한 취득. 단, 건축법에 따른 공동주택의 대수선은 취득세 과세한다.

🎯**예제**

다음 중 지방세법상 취득세에 대한 설명 중 옳지 않은 것은?

① 건축물의 건축(신축과 재축은 제외) 또는 개수로 인하여 건축물의 면적이 증가할 때에는 그 증가된 부분에 대하여 원시취득으로 보아 1천분의 28의 세율을 적용한다.

② 배우자 및 직계존비속 외의 자간에 증여자의 채무를 인수하는 부담부(負擔附)증여의 경우에는 그 채무액에 상당하는 부분은 부동산 등을 유상으로 취득하는 것으로 본다.

③ 임시흥행장, 공사현장사무소 등 임시건축물의 취득에 대해서는 취득세를 부과하지 아니한다. 다만, 존속기간이 1년을 초과하는 경우와 고급주택 및 고급오락장 등의 사치성 재산은 취득세를 부과한다.

④ 배우자 또는 직계존비속간의 공매(경매를 포함)를 통하여 부동산 등을 취득한 경우에는 증여로 취득한 것으로 본다.

⑤ 주택법에 따른 공동주택의 개수(「건축법」에 따른 대수선 제외)로 인한 취득 중 개수로 인한 취득당시 주택의 시가표준액이 9억원 이하의 주택과 관련된 개수로 인한 취득은 취득세를 부과하지 아니한다.

🎯**Solution** ④

④ 배우자 또는 직계존비속간의 공매(경매를 포함)를 통하여 부동산 등을 취득한 경우에는 유상취득한 것으로 본다.

[중요 지문정리]

01. "취득"이란 매매, 교환, 상속, 증여, 기부, 법인에 대한 현물출자, 건축, 개수(改修), 공유수면의 매립·간척에 의한 토지의 조성 등과 그밖에 이와 유사한 취득으로서 원시취득, 승계취득 또는 유상·무상의 모든 취득을 말한다.

02. 취득세는 부동산(토지와 건축물), 차량, 기계장비, 항공기, 선박, 입목, 광업권, 어업권, 양식업권, 골프회원권, 콘도미니엄회원권, 종합체육시설이용회원권, 승마회원권 및 요트회원권을 취득한 자에게 부과한다.

03. 부동산 등 취득세 과세대상 자산이나 권리의 취득에 있어서는 관계법령에 따른 등기·등록 등을 하지 아니한 경우라도 사실상 취득하면 이를 '취득'한 것으로 보고, 해당 취득물건의 소유자 또는 양수인을 각각 취득자로 한다.

04. 건축물 중 조작설비로서 그 주체구조부와 하나가 되어 건축물로서의 효용가치를 이루고 있는 것에 대하여는 주체구조부취득자 외의 자가 가설한 경우에도 주체구조부의 취득자가 함께 취득한 것으로 본다.

05. 상속으로 인하여 취득하는 경우에는 상속인 각자가 상속받는 취득물건(지분을 취득하는 경우에는 그 지분에 해당하는 취득물건을 말한다)을 취득한 것으로 본다. 공동상속의 경우에는 공유자가 연대하여 납부할 의무를 진다.

06. 배우자 또는 직계존비속이 아닌 증여자의 채무를 인수하는 부담부(負擔附)증여의 경우에는 그 채무액에 상당하는 부분은 부동산 등을 유상으로 취득하는 것으로 본다. 그리고 채무액에 상당하는 부분을 제외한 부분은 증여로 취득한 것으로 본다.

07. 선박, 차량과 기계장비의 종류를 변경하거나 토지의 지목을 사실상 변경함으로써 그 가액이 증가한 경우에는 취득으로 본다. 이 경우 「도시개발법」에 따른 도시개발사업(환지방식만 해당한다)의 시행으로 토지의 지목이 사실상 변경된 때에는 그 환지계획에 따라 공급되는 환지는 조합원이, 체비지 또는 보류지는 사업시행자가 각각 취득한 것으로 본다.

08. 법인의 주식 또는 지분을 50% 초과 취득함으로써 과점주주(법인 설립시에 발행하는 주식 또는 지분을 취득함으로써 과점주주가 된 경우는 제외)가 되었을 때에는 그 과점주주가 해당 법인의 부동산 등을 취득한 것으로 본다.

09. 건축물을 건축하면서 그 건축물에 부수되는 정원 또는 부속시설물 등을 조성·설치하는 경우에는 그 정원 또는 부속시설물 등은 건축물에 포함되는 것으로 보아 건축물을 취득하는 자가 취득한 것으로 본다.

10. 도시개발사업과 정비사업의 시행으로 해당 사업의 대상이 되는 부동산의 소유자가 환지계획 또는 관리처분계획에 따라 공급받거나 토지상환채권으로 상환받는 건축물은 그 소유자가 원시취득한 것으로 보며, 토지의 경우에는 그 소유자가 승계취득한 것으로 본다.

11. 매매 등의 유상승계취득의 경우에는 사실상의 잔금지급일에 취득일로 한다. 단, 신고인이 제출한 자료로 사실상의 잔금지급일을 확인할 수 없는 경우에는 그 계약상의 잔금지급일(계약상 잔금지급일이 명시되지 않은 경우에는 계약일부터 60일이 경과한 날을 말한다) 취득한 것으로 본다. 다만, 취득일 전에 등기 또는 등록을 한 경우에는 그 등기일 또는 등록일에 취득한 것으로 본다.

12. 증여 등 무상취득의 경우에는 그 계약일(상속은 상속개시일)에 취득한 것으로 본다. 다만, 취득일 전에 등기 또는 등록을 한 경우에는 그 등기일 또는 등록일에 취득한 것으로 본다.

13. 증여 등의 무상승계 취득시 해당 취득물건을 등기·등록을 하지 아니하고 취득일이 속하는 달의 말일로부터 3개월 이내에 계약이 해제된 사실이 화해조서·인낙조서·공정증서 등에 의하여 입증되는 경우에는 취득한 것으로 보지 아니한다. 다만, 매매나 교환 등 유상승계 취득시 해당 취득물건을 등기·등록을 하지 아니하고 취득일로부터 60일 이내에 계약이 해제된 사실이 화해조서·인낙조서·공정증서 등에 의하여 입증되는 경우에는 취득한 것으로 보지 아니한다.

14. 토지의 지목변경에 따른 취득은 토지의 지목이 사실상 변경된 날과 공부상 변경된 날 중 빠른 날을 취득일로 본다. 다만, 토지의 지목변경일 이전에 사용하는 부분에 대해서는 그 사실상의 사용일을 취득일로 본다.

15. 민법 제245조 및 247조에 따른 점유로 인한 취득의 경우 취득물건의 등기일 또는 등록일을 취득일로 본다. 또한 민법 제839조의 2(이혼한 자의 재산분할청구권) 및 제843조에 따른 재산분할로 인한 취득의 경우에도 취득물건의 등기일 또는 등록일을 취득일로 본다.

16. 취득세 과세표준은 취득당시의 가액으로 한다. 다만, 연부(年賦)로 취득하는 경우에는 그 연부금액(매회 사실상 지급되는 연부금액을 말하며, 취득금액에 포함되는 계약보증금을 포함)으로 한다.

17. 부동산 등을 무상취득하는 경우 취득당시의 가액은 취득시기 현재 불특정다수인 사이에 자유롭게 거래가 이루어지는 경우 통상적으로 성립된다고 인정되는 가액(시가인정액)으로 한다. 단, 상속에 따른 무상취득의 경우에는 시가표준액으로 한다.

18. 부동산 등을 매매 또는 교환 등 유상거래로 승계취득하는 경우 취득당시가액은 취득시기 이전에 해당 물건을 취득하기 위하여 거래상대방이나 제3자에게 지급하였거나 지급하여야 할 일체의 비용으로서 사실상의 취득가격으로 한다.

19. 토지의 지목변경으로 가액이 경우 취득당시 가액은 그 변경으로 증가한 가액에 해당하는 사실상 취득가격으로 한다. 다만, 법인이 아닌 자에 해당하는 경우로서 사실상 취득가격을 확인할 수 없는 경우 취득당시 가액은 시가표준액을 대통령령으로 정하는 방법에 따라 계산한 가액으로 한다.

20. 지방세법상 사실상 취득가격을 취득세의 과세표준으로 하는 경우 건설자금에 충당한 차입금의 이자(법인이 취득자에 한함) 및 연부로 취득하는 경우 연부계약에 따른 이자상당액이나 연체료(법인이 취득자에 한함), 취득에 필요한 용역을 제공받은 대가로 지급하는 용역비나 수수료, 취득대금 외에 당사자의 약정에 따른 취득자 조건부담액과 채무인수액, 정원 또는 부속시설물 등을 조성·설치하는 비용 등은 사실상 취득가격에 포함한다.

21. 건축물을 건축하는 등의 부동산 등을 원시취득하는 경우 취득당시 가액은 사실상 취득가격으로 한다. 다만, 법인이 아닌 자가 건축물을 건축하여 취득하는 경우로서 사실상 취득가격을 확인할 수 없는 경우의 취득당시 가액은 시가표준액으로 한다.

22. 상속으로 인한 농지(논, 밭, 과수원, 목장용지)의 소유권을 취득하는 경우 취득세 표준세율은 부동산가액의 1천분의 230이고, 상속으로 농지 외의 부동산 소유권을 취득하는 경우 취득세 표준세율은 부동산가액의 1천분의 280이다.

23. '甲'소유의 미등기 건물에 대하여 '乙'이 채권확보를 위하여 법원의 판결에 의한 소유권보존등기를 '甲'의 명의로 등기할 경우의 취득세 납세의무는 '甲'에게 있다. 다만, 채권자 대위권에 의한 등기신청을 하려는 채권자는 납세의무자를 대위하여 부동산의 취득에 대한 취득세를 신고·납부할 수 있다.

24. 지방자치단체의 장은 조례가 정하는 바에 의하여 취득세 세율(중과세 세율 제외)을 표준세율의 100분의 50의 범위 안에서 가감조정 할 수 있다.

25. 지방세법상 취득세 표준세율에 중과기준세율(1천분의 20)의 100분의 400(4배)를 합한 중과세율이 적용되는 취득세 과세대상은 회원제 골프장(입목 포함, 승계취득은 제외), 고급오락장, 고급주택, 고급선박이 이에 해당한다.

26. 과밀억제권역 안에서 법인의 본점이나 주사무소의 사업용 부동산을 취득하는 경우(신축과 증축에 한한다)의 취득세 세율은 표준세율에 중과기준세율(1천분의 20)의 100분의 200(2배)을 합한 세율을 적용한다.

27. 법인이 사원에게 분양하거나 임대할 목적으로 취득하는 주거용 부동산[건물연면적(전용면적을 말함)이 60m² 이하인 공동주택 및 그 부속토지]의 취득은 중과세를 적용하지 아니한다.

28. 환매등기를 병행하는 부동산의 매매로서 환매기간내에 매도자가 환매한 경우의 그 매도자와 매수자의 취득, 상속으로 1가구1주택(고급주택 제외), 공유물 · 합유물의 분할(본인지분 초과하지 아니함), 건축물의 이전으로 인한 취득(종전가액 초과하지 아니함), 민법상 규정에 의한 재산분할청구권행사로 인한 취득에 대한 취득세는 표준세율에서 중과기준세율(1천분의 20)을 뺀 세율로 산출한 금액으로 한다.

적용세율 = 표준세율 − 중과기준세율(1천분의 20)

29. 건축물의 개수(단, 면적증가는 원시취득에 해당함), 토지의 지목변경 또는 차량 등 종류변경의 가액증가, 과점주주의 주식 취득, 무덤과 이에 접속된 부속시설물의 부지로 사용되는 토지로서 지목이 묘지인 토지의 취득, 임시흥행장 등 존속기간이 1년이 초과하는 임시건축물의 취득은 중과기준세율(1천분의 20)만을 적용한다.

적용세율 = 중과기준세율(1천분의 20)

30. 취득가액이 50만원 이하일 때에는 취득세를 부과하지 아니한다. 이 경우 토지 또는 건축물을 취득한 자가 그 취득한 날로부터 1년 이내에 그에 인접한 토지 또는 건축물을 취득한 경우에는 각각 전후의 취득에 관한 토지나 건축물의 취득을 1건의 토지의 취득 또는 1구의 건축물의 취득으로 보아 면세점을 적용한다.

31. 토지나 건축물을 취득한 후 5년 이내에 해당 토지나 건축물이 골프장, 고급주택 또는 고급오락장이 된 경우에는 해당 중과세율을 적용하여 취득세를 추징한다.

32. 같은 취득물건에 대하여 2 이상의 세율이 해당되는 경우에는 그중 높은 세율을 적용한다.

33. 취득세를 신고납부함에 있어서 무상취득(상속은 제외한다)으로 인한 경우에는 취득일이 속하는 달의 말일로부터 3개월 이내에 신고하고 납부하여야 한다.

34. 매매나 교환 등의 일반적인 취득의 경우 취득세는 취득한 날부터 60일 이내에 신고하고 납부하여야 한다. 상속은 상속개시일(실종선고일)이 속하는 달의 말일로부터 6개월(외국에 주소를 둔 상속인이 있는 경우에는 9개월) 이내에 신고하고 납부하여야 한다.

35. 신고·납부기한 이내에 재산권과 그 밖의 권리의 취득·이전에 관한 사항을 공부(公簿)에 등기하거나 등록하려는 경우에는 등기 또는 등록신청서를 등기·등록관서에 접수하는 날까지 취득세를 신고하고 납부하여야 한다.

36. 비과세, 과세면제 또는 경감받은 후에 해당 과세물건이 부과대상이나 추징대상이 된 때에는 그 사유발생일로부터 60일 이내에 산출세액{경감받은 경우에는 이미 납부한 세액(가산세 제외)을 공제한 세액}을 신고하고 납부하여야 한다.

37. 납세의무자가 취득세 과세물건을 사실상 취득한 후 취득세 신고를 하지 않고 매각하는 경우에는 산출세액에 100분의 80을 가산한 금액(중가산세)을 세액으로 하여 보통징수의 방법으로 징수한다. 단, 지목변경, 차량 등의 종류변경, 과점주주의 주식 취득 등 취득으로 보는 과세물건의 취득은 중가산세를 적용하지 아니한다.

38. 등기·등록관서의 장은 취득세가 납부되지 아니하였거나 납부부족액을 발견하였을 때에는 다음달 10일까지 납세지를 관할하는 시장·군수 또는 구청장에게 통보하여야 한다.

39. 국가, 지방자치단체 또는 지방자치단체조합이 취득세 과세물건을 매각(연부로 매각한 것을 포함)하면 매각일로부터 30일 이내에 그 물건 소재지를 관할하는 지방자치단체의 장에게 통보하거나 신고하여야 한다.

40. 「신탁법」에 의한 신탁으로서 신탁등기가 병행된 신탁재산의 취득은 취득세를 부과하지 아니한다. 다만, 신탁재산의 취득 중 주택조합 등과 조합원 간의 부동산취득 및 주택조합 등의 비조합원용 부동산취득은 취득세를 부과한다.

41. 국가·지방자치단체에 귀속 또는 기부채납조건으로 취득하는 부동산은 취득세를 부과하지 아니한다. 다만, 국가 등에 귀속 등의 조건을 이행하지 아니하고 타인에게 매각·증여하거나 귀속 등을 이행하지 아니하는 것으로 조건이 변경된 경우 및 국가 등에 귀속 등의 반대급부로 국가 등이 소유하고 있는 부동산을 무상으로 양여받거나 기부채납대상물의 무상사용권을 제공받는 경우에는 비과세를 배제한다.

42. 임시흥행장, 공사현장사무소 등 임시건축물의 취득은 취득세를 부과하지 아니한다. 다만, 고급주택 및 고급오락장 등 사치성 재산과 존속기간이 1년을 초과하는 경우에는 취득세를 부과한다.

43. 「주택법」에 따른 공동주택의 개수(「건축법」에 따른 대수선은 제외)로 인한 취득 중 취득 당시 주택의 시가표준액이 9억원 이하인 주택과 관련된 개수로 인한 취득은 취득세를 부과하지 아니한다. 다만, 건축법에 따른 대수선으로 인한 경우에는 과세한다.

제2장 등록면허세

제1절 등록에 대한 등록면허세 의의 및 특징

1 등록에 대한 등록면허세 의의

재산권과 그 밖의 권리의 설정·변경 또는 소멸에 관한 사항을 공부에 등기하거나 등록하는 경우 그 등록을 하는 자(외관상의 등기권리자 즉 명의자)에게 부과하는 도세(시·군·구에 위임징수) 및 구세이다.

다만, 취득을 원인으로 이루어지는 소유권의 등기 또는 등록은 등록면허세 과세에서 제외하되, 다음의 하나에 해당하는 등기나 등록은 등록면허세 과세에 포함한다.

①광업권·어업권 및 양식업권의 취득에 따른 등록
②외국인 소유의 취득세 과세대상 물건(차량, 기계장비, 항공기 및 선박에 해당)의 연부취득에 따른 등기 또는 등록
③취득세 부과제척기간이 경과한 물건의 등기 또는 등록
④취득세 면세점(취득가액 50만원 이하)에 해당하는 물건의 등기 또는 등록

2 등록면허세의 특징

①형식주의(등기·등록 요건 충족)
②도세 또는 구세, 보통세, 행위세, 유통세
③원칙 : 신고납부방법, 예외 : 보통징수방법
④종가세(대부분), 종량세(일부)
⑤가산세 적용(신고관련가산세, 납부지연가산세)
⑥물납×, 분할납부×
⑦최저한 과세(부동산등기시 산출세액이 6천원 미만인 경우 6천원 과세)
⑧수정신고○, 기한 후 신고○

❸ 형식적 요건과 등기나 등록의 말소

(1) 형식적 요건

내부의 실질적인 권리자의 유·무 또는 정당성·합법성 여부를 불문하고, 외형상 등기, 등록이라는 형식적 요건만 갖추면 등록면허세가 부과된다.

(2) 등기나 등록의 말소와 등록면허세

등기 또는 등록 행위가 있은 후 무효 또는 취소가 되어 등기나 등록이 말소되는 경우에도 이미 납부한 등록면허세에는 영향이 없다. 즉, 환급대상이 되지 않는다.

❹ 등록에 대한 등록면허세 과세대상과 납세의무자

(1) 등록을 하는 자

등록에 대한 등록면허세는 재산권과 그 밖의 권리의 설정·변경 또는 소멸에 관한 사항을 공부에 등기하거나 등록하는 경우 그 등록을 하는 자(외관상의 등기권리자 또는 등기명의자를 말함)는 납세의무를 진다.

① 저당권등기 : 근저당권 설정등기의 경우 채권자인 금융기관 등 근저당권자이고, 근저당권 말소등기의 경우 근저당권 설정자 또는 말소대상 부동산의 현재 소유자

② 전세권등기 : 전세권 설정등기는 전세권자, 전세권 이전등기는 이전등기권리자, 전세권 소멸에 따른 말소등기는 전세권설정자 또는 말소대상 부동산의 현재 소유자

③ 지상권등기 : 지상권 설정등기는 지상권자

④ 지역권 설정등기 : 지역권자(요역지 소유자)

⑤ 가등기 : 가등기 권리자

(2) 법원의 가압류결정에 의한 가압류등기를 시행하기 위하여 소유권보존등기가 선행된 경우 등록면허세 미납부에 대한 가산세 납세의무자 : 소유권보존등기자

(3) 지방세 체납처분으로 그 소유권을 국가 또는 지방자치단체 명의로 이전하는 경우에 이미 그 물건에 전세권, 가등기, 압류등기 등으로 되어 있는 것을 말소하는 대위적 등기와 성명의 복구나 소유권의 보존 등 일체의 채권자 대위적 등기 : 그 소유자

(4) 채권자 대위등기 등의 납세의무자 : 등기 또는 등록을 받는 명의자

다만, 채권자 대위권에 의한 등기신청을 하려는 채권자는 납세의무자를 대위하여 부동산의 등기에 대한 등록면허세를 신고·납부할 수 있다.

제2절 등록에 대한 등록면허세의 과세표준(부동산등기 중심)

① 부동산가액에 따른 과세표준 : 소유권등기 및 지상권등기, 가등기(일부제외)

(1) 원 칙

등록면허세의 과세표준은 등록당시의 가액(등록자인 납세의무자의 신고한 당시의 가액)을 과세표준으로 한다. 다만 신고서상 금액과 공부상의 금액이 다를 경우에는 공부상의 금액을 과세표준으로 한다.

(2) 예 외

다음의 경우에는 지방세법 제4조에 의한 시가표준액을 과세표준으로 한다.

> ① 신고가 없는 경우
> ② 신고가액의 표시가 없는 경우
> ③ 신고가액이 시가표준액보다 적은 경우

(3) 특 례

취득을 원인으로 하는 등록의 경우(무상취득, 유상승계취득, 원시취득, 취득으로 보는 경우 등)에는 취득당시가액을 과세표준으로 한다.

「지방세기본법」제38조에 따른 취득세 부과제척기간이 경과한 물건의 취득을 원인으로 하는 등록의 경우에는 등록 당시의 가액과 취득당시가액 중 높은 가액으로 한다. 다만, 등록당시에 자산재평가 또는 감가상각 등의 사유로 그 가액이 달라진 경우에는 변경된 가액(등기일 또는 등록일 현재의 법인장부 또는 결산서 등으로 증명되는 가액)을 과세표준으로 한다.

(4) 일괄평가의 경우

주택의 토지나 건축물을 한꺼번에 평가하여 토지나 건축물에 대한 과세표준이 구분되지 아니하는 경우에는 한꺼번에 평가한 개별주택가격을 토지나 건축물의 가액 비율로 나눈 금액을 각각 토지와 건축물의 과세표준으로 한다.

❷ 채권금액에 따른 과세표준

저당권등기, 가압류등기, 가처분등기, 경매신청등기 등은 채권금액을 과세표준으로 한다.

일정한 채권금액이 있을 때	채권금액
일정한 채권금액이 없을 때	채권의 목적이 된 것의 가액 또는 처분의 제한의 목적이 된 금액(예, 신청서상 채권최고액)을 그 채권금액으로 본다.

같은 채권을 위한 저당권의 목적물이 종류가 달라 둘 이상의 등기 또는 등록을 하게 되는 경우에 등기 · 등록관서가 이에 관한 등기 또는 등록 신청을 받았을 때에는 채권금액 전액에서 이미 납부한 등록면허세의 산출기준이 된 금액을 뺀 잔액을 그 채권금액으로 보고 등록면허세를 부과한다.

❸ 부동산가액 및 채권금액이 아닌 기타금액에 따른 과세표준

(1) 전세권등기 : 전세금액

(2) 임차권등기 : 월임대차금액

(3) 지역권등기 : 요역지 가액

❹ 건수에 따른 과세표준

다음의 경우에는 매 1건을 과세표준으로 한다.

(1) 말소등기, 지목변경등기, 표시변경등기, 건축물 구조변경등기 등

(2) 같은 채권을 위하여 담보물을 추가하는 등기 또는 등록

제3절 등록에 대한 등록면허세의 세율(부동산등기)

❶ 표준세율

등록면허세는 등록에 대하여 과세표준에 해당 세율을 적용하여 계산한 금액을 그 세액으로 한다. 다만, 산출한 세액이 그 밖의 등기 또는 등록 세율(매 건당 6천원)보다 적을 때에는 그 밖의 등기 또는 등록 세율(매 건당 6천원)을 적용한다.

권리별	등기 요인	과세표준	세 율	비 고
소유권	보존등기	부동산가액	1천분의 8(0.8%)	산출세액이 건당 세율 6천원 미만인 경우 그 세액을 건당 세율 6천원으로 한다.
	유상이전	부동산가액	1천분의 20(2%)*	
	무상이전		1천분의 15(1.5%) (상속 : 1천분의 8)	
지상권	설정 및 이전	부동산가액	1천분의 2(0.2%)	
저당권	설정 및 이전	채권금액	1천분의 2(0.2%)	
지역권	설정 및 이전	요역지가액	1천분의 2(0.2%)	
전세권	설정 및 이전	전세금액	1천분의 2(0.2%)	
임차권	설정 및 이전	월임대차금액	1천분의 2(0.2%)	
경매신청 · 가압류 · 가처분	설정 및 이전	채권금액	1천분의 2(0.2%)	
가등기	설정	부동산가액 또는 채권금액	1천분의 2(0.2%)	
위 이외 기타등기 (말소등기, 변경등기 등)		건당	매1건당 6천원	

☞ 다만, 유상거래를 원인으로 주택을 취득하는 경우에 따른 세율을 적용받는 주택의 경우에는 해당 주택의 표준세율에 100분의 50을 곱한 세율을 적용하여 산출한 금액을 그 세액으로 한다.

❷ 탄력세율

부동산등기시 지방자치단체의 장은 조례로 정하는 바에 따라 표준세율의 100분의 50범위 안에서 가감할 수 있다.

❸ 대도시 내 법인의 설립 등 등기에 대한 중과세

(1) 중과세 적용 대상

다음 중 하나에 해당하는 등기를 할 때에는 그 세율을 표준세율의 100분의 300
으로 한다.

> ① 대도시내에서 법인을 설립(설립 후 또는 휴면법인을 인수한 후 5년 이내에 자본 또는 출
>   자액을 증가하는 경우를 포함)하거나 지점이나 분사무소를 설치함에 따른 등기
> ② 대도시 밖에 있는 법인의 본점이나 주사무소를 대도시내로 전입(전입 후 5년 이내에
>   자본 또는 출자액이 증가하는 경우를 포함)함에 따른 등기

대도시내 중과세대상인 법인은 영리법인과 비영리법인 및 소득세법, 법인세법,
부가가치세법에 의한 비과세, 면세사업자 모두를 포함한다.

다만, 다음의 장소는 중과세대상에서 제외한다.

> · 영업행위가 없는 단순한 제조 · 가공장소
> · 물품의 보관만을 하는 보관창고
> · 물품의 적재와 반출만을 하는 하치장

(2) 중과세대상에서 제외되는 경우

① 대도시 중과 제외 업종(할부금융업, 사회기반시설사업, 은행업, 의료업 등)

② 산업단지

예제

지방세법상 부동산등기에 대한 등록면허세의 세율에 대한 설명으로 옳은 것은?

① 지방자치단체의 장은 조례로 정하는 바에 따라 등록면허세의 세율을 부동산등기에 따른 표준세율의 100분의 50의 범위에서 가감할 수 있다.

② 부동산의 소유권보존등기시 등록면허세의 표준세율은 채권금액의 1천분의 2이다.

③ 부동산을 상속으로 인한 소유권이전등기의 표준세율은 부동산가액의 1천분의 15이다.

④ 저당권등기 · 경매신청 · 가압류 · 가처분등기시 등록면허세의 표준세율은 부동산가액의 1천분의 2이다.

⑤ 전세권의 설정 · 이전등기의 등록면허세 표준세율은 전세금액의 1천분의 2이고, 부동산임차권의 설정 · 이전등기의 표준세율은 임차보증금의 1천분의 2이다.

Solution ①

② 부동산의 소유권보존등기시 등록면허세의 표준세율은 부동산가액의 1천분의 8이다.

③ 부동산을 상속으로 인한 소유권이전등기의 표준세율은 부동산가액의 1천분의 8이다. 부동산을 상속 외의 무상취득으로 인한 소유권이전등기의 표준세율은 부동산가액의 1천분의 15이다.

④ 저당권등기 · 경매신청 · 가압류 · 가처분등기시 등록면허세의 표준세율은 채권금액의 1천분의 2이다.

⑤ 부동산임차권의 설정 · 이전등기의 등록면허세 표준세율은 월임대차금액의 1천분의 2이다.

제4절 등록에 대한 등록면허세의 부과·징수

❶ 납세지

등기 또는 등록할 재산의 소재지나 등기 또는 등록권자의 주소지·해당 사무소 또는
영업소 등의 소재지를 관할하는 도·구에서 부과·징수한다.

① 부동산 등기 : 부동산소재지

② 법인등기 : 등기에 관련되는 본점·지점 또는 주사무소, 분사무소 등의 소재지

③ 동일채권 담보를 위하여 설정하는 2 이상의 저당권 등기·등록인 경우 : 하나의 등기
·등록으로 보아 처음 등기·등록하는 등록관청 소재지

④ 같은 등록에 관계되는 재산이 2개 이상의 지방자치단체에 걸쳐 있어 등록면허세를 지
방자치단체별로 부과할 수 없을 때 : 등록관청 소재지

⑤ 납세지가 분명하지 아니한 경우 : 등록관청 소재지

❷ 원칙 : 신고납부

(1) 등록을 하려는 경우

등록을 하려는 자는 과세표준에 해당 세율을 적용하여 산출한 세액을 등록을 하
기 전(등기 또는 등록 신청서를 등기 또는 등록관서에 접수하는 날)까지 지방자치단체의
장에게 신고하고 신고한 세액을 납부하여야 한다.

(2) 등록한 후 추징되는 경우

① 등록한 후에 해당 중과세율의 적용대상이 되었을 때에는 사유가 발생한 날부터
60일 이내에 중과세율을 적용하여 산출한 세액에서 이미 납부한 세액(가산세는 제
외)을 공제한 금액을 세액으로 하여 납세지를 관할하는 지방자치단체의 장에게 신
고하고 납부하여야 한다.

> · 부족세액 : 중과세율 적용 산출세액 − 이미 납부한 세액(가산세 제외)

② 비과세, 과세면제 또는 경감받은 후에 해당 과세물건이 등록면허세 부과대상 또
는 추징대상이 되었을 때에는 그 사유발생일부터 60일 이내에 해당 과세표준에
해당세율을 적용하여 산출한 세액[경감받은 경우에는 이미 납부한 세액(가산세는 제외)

을 공제한 세액을 말함)을 납세지를 관할하는 지방자치단체의 장에게 신고하고 납부하여야 한다.

(3) 신고불성실가산세 배제

신고의무를 하지 아니한 경우라도 등록면허세 산출세액을 등록을 하기 전까지 납부한 때에는 법규정에 의하여 신고를 하고 납부한 것으로 본다. 이 경우 무신고가산세 및 과소신고가산세를 징수하지 아니한다.

❸ 예외 : 보통징수

등록에 대한 등록면허세 납세의무자가 신고 또는 납부의무를 다하지 아니하면 산출세액 또는 그 부족세액에 다음의 가산세를 합한 금액을 세액으로 하여 보통징수의 방법으로 징수한다.

신고관련가산세	무신고가산세	납부세액의 100분의 20
	과소신고가산세	과소신고세액의 100분의 10
	사기나 부정한 행위로 무신고 또는 과소신고	납부세액 또는 과소신고세액의 100분의 40
납부지연가산세	납부하지 아니한 세액 × 1일 이자율(100,000분의 22) × 미납일수	

❹ 등록에 대한 등록면허세의 부가세

(1) 지방교육세 : 납부세액의 100분의 20(20%)

(2) 농어촌특별세 : 감면세액의 100분의 20(20%)

❺ 등록면허세 비과세

(1) 국가 등의 비과세

국가, 지방자치단체, 지방자치단체조합, 외국정부 및 주한국제기구가 자기를 위하여 받는 등록(예, 국세나 지방세의 체납처분에 따른 체납자 재산에 대한 압류등기·등록이나 국가나 지방자치단체의 압류해제에 따른 등기나 등록 등)

다만, 대한민국 정부기관의 등록에 대하여 과세하는 외국정부의 등록의 경우에는 등록면허세를 부과한다.

(2) 형식적인 등록에 대한 등록면허세 비과세

① 「채무자 회생 및 파산에 관한 법률」제6조제3항, 제25조제1항부터 제3항까지, 제26 조제1항, 같은 조 제3항, 제27조, 제76조제4항, 제362조제3항, 제578조의5제3항, 제578조의8제3항 및 제578조의9제3항에 따른 등기 또는 등록

② 행정구역의 변경, 주민등록번호의 변경, 지적소관청의 지번 변경, 계량단위의 변경, 등 기 또는 등록 담당 공무원의 착오 및 이와 유사한 사유로 인한 등기 또는 등록으로서 단순한 표시변경·회복 또는 경정 등기 또는 등록

③ 무덤과 이에 접속된 부속시설물의 부지로 사용되는 토지로서 지목이 묘지인 토지에 관 한 등기

예제

다음은 지방세법상 부동산등기에 따른 등록면허세에 관한 설명이다. 옳지 않은 것은?

① 등록면허세를 신고하지 아니한 경우에도 등록면허세 납부세액을 등록을 하기전까 지 납부하였을 때에는 신고를 하고 납부한 것으로 본다. 이 경우 무신고가산세 및 과소신고가산세를 징수하지 아니한다.

② 같은 채권의 담보를 위하여 설정하는 둘 이상의 저당권을 등록하는 경우에는 이 를 하나의 등록으로 보아 그 등록에 관계되는 재산을 처음 등록하는 등 록관청 소재지를 납세지로 한다.

③ 부동산등기시 과세표준에 세율을 적용하여 산출한 세액이 그 밖의 등기 또는 등록인 매 건당 세율인 6천원 미만인 경우에는 그 밖의 등기 또는 등록 세율(매 건당 6천원)을 적용한다.

④ 법인이 신축한 건물을 보존등기 하는 경우 등록당시에 자산재평가의 사 유로 가액이 증가한 것이 그 법인장부로 입증되더라도 재평가 전의 가액 을 과세표준으로 한다.

⑤ 대도시 밖에 있는 법인의 본점이나 주사무소를 대도시로 전입(전입 후 5년 이내 에 자본 또는 출자액이 증가하는 경우를 포함)함에 따른 등기시 등록에 대한 등 록면허세의 세율은 표준세율의 100분의 300으로 한다.

Solution ④

④ 등록당시에 자산재평가의 사유로 그 가액이 변경된 경우에는 등기일 또는 등 록일 현재의 법인장부 또는 결산서 등으로 증명되는 가액(즉, 재평가한 후의 가 액)을 과세표준으로 한다.

[중요 지문정리]

01. '등록'이란 재산권과 그 밖의 권리의 설정 · 변경 또는 소멸에 관한 사항을 공부에 등기하거나 등록하는 것을 말한다. 다만, 취득을 원인으로 이루어지는 등기 또는 등록은 과세에서 제외한다. 그러나 취득세 부과제척기간이 경과한 물건의 등기 또는 등록이나 취득세 면세점(취득가액이 50만원 이하)에 해당하는 물건의 등기나 등록은 등록면허세를 과세한다.

02. 등기 또는 등록이 된 이후 법원의 판결 등에 의해 그 등기 또는 등록이 무효 또는 취소가 되어 등기 또는 등록이 말소된다 하더라도 이미 납부한 등록면허세는 영향이 미치지 아니하므로 과오납으로 환급할 수 없다.

03. 지방세 체납처분으로 그 소유권을 국가 또는 지방자치단체명으로 이전하는 경우에 이미 그 물건에 대하여 전세권, 가등기, 압류등기 등으로 되어 있는 것을 말소하는 대위적 등기와 성명의 복구나 소유권 보존 등 일체의 채권자 대위적 등기에 대하여는 그 소유자가 등록면허세를 납부하여야 한다.

04. 등록에 대한 등록면허세의 납세의무자는 재산권과 그 밖의 권리의 설정 · 변경 또는 소멸에 관한 사항을 공부에 등기하거나 등록을 하는 경우에 그 등록을 하는 자(등록부상의 등기권리자, 즉 명의자)이다.

05. 법원의 가압류결정에 의한 가압류등기를 시행하기 위하여 소유권보존등기가 선행된 경우, 등록에 대한 등록면허세 미납부에 대한 가산세 납세의무자는 소유권보존등기자이다.

06. 甲소유의 미등기건물에 대하여 乙이 채권확보를 위해 법원의 판결에 의한 소유권보존등기를 甲의 명의로 등기할 경우, 등록에 대한 등록면허세 납세의무는 명의자 甲에게 있다. 다만, 채권자 대위권에 의한 등기신청을 하려는 채권자는 납세의무자를 대위하여 부동산의 등기에 대한 등록면허세를 신고납부 할 수 있다. 지방자치단체의 장은 채권자대위자의 신고납부가 있는 경우 납세의무자에게 그 사실을 즉시 통보하여야 한다.

07. 부동산등기에 대한 등록면허세의 과세표준을 부동산가액으로 하는 경우 등록당시의 가액으로 한다. 등록당시의 가액이란 등록을 하는 자의 신고한 당시 가액을 말하며, 신고한 금액이 시가표준액보다 적은 경우에는 시가표준액을 과세표준으로 한다. 그리고 신고한 금액과 공부상금액이 다른 경우에는 공부상금액을 과세표준으로 한다.

08. 가압류등기, 가처분등기, 저당권등기 등의 채권금액에 의해 과세액을 정하는 경우에 일정한 채권금액이 없을 때에는 채권의 목적이 된 것의 가액 또는 처분의 제한의 목적이 된 금액(신청서상 채권최고액 등)을 그 채권금액으로 본다.

09. 주택의 토지와 건물을 한꺼번에 평가하여 토지나 건축물에 대한 과세표준이 구분되지 아니하는 경우에는 한꺼번에 평가한 개별주택가격을 토지나 건축물의 가액비율로 나눈 금액을 각각 토지와 건축물의 가액으로 한다.

10. 취득을 원인으로 하는 등록의 경우(무상취득, 유상승계취득, 원시취득, 취득으로 보는 경우 등)에는 취득당시 가액을 과세표준으로 한다.「지방세기본법」제38조에 따른 취득세 부과제척기간이 경과한 물건의 취득을 원인으로 하는 등록의 경우에는 등록 당시의 가액과 취득당시가액 중 높은 가액으로 한다. 다만, 등록당시에 자산재평가 또는 감가상각 등의 사유로 그 가액이 달라진 경우에는 변경된 가액을 과세표준으로 한다.

11. 자산재평가 또는 감가상각 등의 사유로 변경된 가액을 과세표준으로 할 경우에는 등기일 또는 등록일 현재의 법인장부 또는 결산서 등으로 증명되는 가액을 과세표준으로 한다.

12. 전세권설정·이전등기에 대한 등록면허세의 표준세율은 전세금액의 1천분의 2이고, 임차권의 설정·이전등기에 대한 등록면허세의 표준세율은 월임대차금액의 1천분의 2이다.

13. 지방자치단체의 장은 조례로 정하는 바에 따라 등록면허세의 세율을 부동산등기에 따른 표준세율의 100분의 50의 범위에서 가감할 수 있다.

14. 부동산등기의 산출한 세액이 그 밖의 등기 또는 등록의 세율(6천원)보다 적을 때에는 그 밖의 등기 또는 등록의 세율(6천원)을 적용한다.

15. 부동산등기시 말소등기, 지목변경등기, 표시변경등기, 건축물 구조변경등기 등은 매 1건을 과세표준으로 하여 등록면허세를 부과하며 이에 대하여 일정액의 금액을 부과하는 정액세율(건당 6천원)을 적용한다.

16. 대도시 밖에 있는 법인의 본점이나 주사무소를 대도시로 전입(전입 후 5년 이내에 자본 또는 출자액이 증가하는 경우를 포함)함에 따른 법인등기는 법인의 설립으로 보아 표준세율의 100분의 300으로 중과세율을 적용한다. 단, 산업단지는 제외한다.

17. 등록면허세의 납세의무자가 신고의무를 다하지 아니한 경우에도 등록면허세 산출세액을 등록을 하기 전까지 납부하였을 때에는 신고를 하고 납부한 것으로 본다. 이 경우 무신고가산세 및 과소신고가산세를 부과하지 아니한다.

18. 등기·등록관서의 장은 등기 또는 등록한 후에 등록면허세가 납부되지 아니하였거나 납부부족액을 발견한 경우에는 다음 달 10일까지 납세지를 관할하는 시장·군수·구청장에게 통보하여야 한다.

19. 부동산등기(소유권등기, 전세권등기 등)의 등록면허세 납세지는 부동산 소재지이고, 납세지가 분명하지 아니한 경우에는 등록관청의 소재지이고, 같은 등록에 관계되는 재산이 둘 이상의 지방자치단체에 걸쳐 있어 등록면허세를 지방자치단체별로 부과할 수 없을 때에는 등록관청소재지를 납세지로 한다.

20. 같은 채권의 담보를 위하여 설정하는 둘 이상의 저당권을 등록하는 경우에는 이를 하나의 등록으로 보아 그 등록에 관계되는 재산을 처음 등록하는 등록관청 소재지를 납세지로 한다.

21. 등록에 대한 등록면허세는 등록을 하기 전까지(등록신청서 접수일까지) 납세지를 관할하는 지방자치단체의 장에게 신고하고 납부하여야 한다.

22. 채권자 대위권에 의한 등기신청을 하려는 채권자는 납세의무자를 대위하여 부동산의 등기에 대한 등록면허세를 신고·납부 할 수 있다. 지방자체단체의 장은 채권자대위자의 부동산등기에 대한 등록면허세의 신고납부가 있는 경우 납세의무자에게 그 사실을 즉시 통보하여야 한다.

23. 해당 과세물건이 중과세율의 적용대상이 된 때에는 사유발생일부터 60일 이내에 해당 중과세율을 적용하여 산출한 세액에서 이미 납부한 세액(가산세는 제외)을 공제한 금액을 세액으로 하여 납세지를 관할하는 지방자치단체의 장에게 신고하고 납부하여야 한다.

24. 등록면허세 납세의무자가 신고 또는 납부의무를 다하지 아니하면 산출한 세액 또는 부족세액에 가산세를 합한 금액을 세액으로 하여 보통징수의 방법으로 징수한다.

25. 국가, 지방자치단체, 외국정부 및 주한국제기구가 자기를 위하여 받는 등록에 대하여는 등록면허세를 부과하지 아니한다. 예를 들면 국세나 지방세 등 체납처분에 따른 압류등기나 등록 또는 압류해제에 따른 등기나 등록은 등록면허세를 부과하지 아니한다.

 다만, 대한민국 정부기관의 등록에 대하여 과세하는 외국정부의 등록의 경우에는 등록면허세를 과세한다.

26. 「채무자 회생 및 파산에 관한 법률」 제6조 제3항 등에 따른 등기 또는 등록은 등록면허세를 부과하지 아니한다.

27. 행정구역의 변경, 주민등록번호의 변경, 지적(地籍) 소관청의 지번 변경, 계량단위의 변경, 등록담당공무원의 착오 및 이와 유사한 사유로 인한 등록으로서 주소, 성명, 주민등록번호, 지번, 계량단위 등의 단순한 표시변경·회복 또는 경정 등록은 등록면허세를 부과하지 아니한다.

28. 무덤과 이에 접속된 부속시설물의 부지로 사용되는 토지로서 지목이 묘지인 토지에 관한 등기는 등록면허세를 부과하지 아니한다.

제3장 재산세

제1절 재산세의 특징 및 과세대상

❶ 재산세의 특징

> ① 지방세, 재산소재지 시·군·구세(서울특별시는 자치구와 일부공동과세)
> ② 재산과세, 보유과세, 대장과세
> ③ 세부담의 상한(직전세액의 100분의 150)
> ④ 소유자별 과세, 과세대상별 과세(일부토지는 합산과세)
> ⑤ 보통징수방법(납세지 관할지방자치단체의 장이 세액을 결정하여 납세고지서 발급하여 징수)
> ⑥ 소액징수면제 : 고지서 1장당 세액이 2천원 미만인 경우 징수하지 아니한다.
> ⑦ 물납(납부세액이 1천만원 초과시 신청하여 허가받아 지방자치단체관할구역내 소재하는 부동산)
> ⑧ 분할납부(납부세액이 250만원 초과, 납부기한까지 신청, 3개월 이내)
> ⑨ 원칙 : 사실상 현황부과(무허가건축물, 미등록토지도 과세대상에 포함)
>   예외적으로 재산세가 낮아지는 등은 공부상 등재현황에 따라 부과·징수

❷ 재산세 과세대상

(1) 토지

사실상의 모든 토지(단, 주택의 부속토지는 제외)

(2) 건축물

공부상의 용도와 관계없이 사실상의 용도에 따라 과세하고 공부상에 등재되지 아니한 건축물이나 무허가건축물도 과세(단, 주거용건물은 제외).

① 건축물 : 건축법의 규정에 의한 건축물(점포, 창고, 차고 등)

② 시설물 : 레저시설(20타석 이상의 골프연습장 등)등의 독립적 시설물 및 승강기 등 부수적 시설물 등

(3) 주택(주택의 부속토지를 포함)

「주택법」제2조 제1호에 따른 주택을 말한다. 이 경우 토지와 건축물의 범위에서 주택은 제외한다.

1) 겸용주택의 구분

① 1동(棟)의 건물이 주거와 주거 외의 용도에 사용되고 있는 경우에는 주거용에 사용되고 있는 부분만을 주택으로 본다. 토지는 건물의 면적비율에 따라 각각 안분하여 주택의 부속토지와 주택 외의 건축물의 부속토지로 구분한다.

② 1구(構)의 건축물이 주거와 주거 외의 용도에 겸용되는 경우에는 주거용으로 사용되는 면적이 100분의 50 이상인 경우에는 주택으로 본다.

다만, 건축물에서 허가 등이나 사용승인을 받지 아니하고 주거용으로 사용하는 면적이 전체 건축물 면적(허가 등이나 사용승인을 받은 면적을 포함한다)의 100분의 50 이상인 경우에는 그 건축물 전체를 주택으로 보지 아니한다.

2) 주택 부속토지의 경계가 명백하지 아니할 때에는 그 주택의 바닥면적의 10배에 해당하는 토지를 주택의 부속토지로 한다.

3) 1인이 수개의 주택을 보유시 매 1구 주택마다 세액계산하여 주택별로 과세한다.

(4) 선박 : 명칭을 불문한 모든 배

(5) 항공기 : 사람이 탑승(유인항공기) 조정하여 항공에 사용하는 비행기구

❸ 재산세 과세주체

재산세 과세대상의 재산소재지(토지 소재지나 주택 소재지 등)를 관할하는 지방자치단체의 장(시장·군수·구청장)이 부과·징수한다.

제2절 재산세 납세의무자

사실상 소유자	재산세 과세기준일(6월 1일) 현재 재산을 사실상 소유하고 있는 자 ① 공유재산인 경우 : 그 지분권자(단 지분표시가 없는 경우 각자 지분은 균등) ② 주택의 건물과 부속토지의 소유자가 다를 경우 : 토지가액과 건물가액을 합산하여 산출한 그 주택에 대한 산출세액을 건물과 그 부속토지의 가액비율로 나눈 부분에 대해서는 그 소유자를 각각 납세의무자로 본다. ③ 「신탁법」에 따라 수탁자 명의로 등기·등록된 신탁재산의 경우 : 위탁자 ☞ 수탁자 명의로 된 신탁재산은 위탁자의 소유자산으로 본다.
공부상 소유자	공부상의 소유자가 매매 등의 사유로 소유권에 변동이 있었음에도 이를 신고하지 아니하여 사실상의 소유자를 알 수 없는 때
주된 상속자	상속이 개시된 재산으로서 상속등기가 이행되지 아니하고 사실상의 소유자를 신고하지 아니한 때 ☞ 주된 상속자 (1순위 : 법령상 상속지분이 가장 높은 사람, 2순위 : 나이가 많은 사람)
매수 계약자	국가, 지방자치단체, 지방자치단체조합과 연부로 매매계약을 체결하고 그 재산의 사용권을 무상으로 부여받은 경우 ☞ 국가, 지방자치단체, 지방자치단체조합이 선수금을 받아 조성하는 매매용 토지로서 사실상 조성이 완료된 토지의 사용권을 무상으로 받은 자가 있는 경우에는 그자를 매수계약자로 본다.
종중재산의 공부상소유자	공부상에 개인 등의 명의로 등재되어 있는 사실상의 종중재산으로서 종중소유임을 신고하지 아니하였을 때
수입하는 자	외국인 소유의 항공기 또는 선박을 임차하여 수입하는 경우
사업시행자	도시개발사업 및 정비사업의 시행에 따른 환지계획에서 일정한 토지를 환지로 정하지 아니하고 체비지 또는 보류지로 정한 경우
사용자	소유권의 귀속이 분명하지 아니하여 사실상의 소유자를 확인할 수 없는 경우
파산재단재산의 공부상 소유자	「채무자 회생 및 파산에 관한 법률」에 따른 파산선고 이후 파산종결의 결정까지 파산재단에 속하는 재산의 경우

과세대상토지의 구분

토지에 대한 재산세 과세대상은 분리과세대상토지, 별도합산과세대상토지 및 종합합산 과세대상토지로 구분하여 과세한다.

❶ 분리과세대상 토지

저율(낮은 세율)적용대상과 고율(높은 세율)적용대상으로 구분하여 토지별로 과세

> 각 토지가액(과세표준) × 차등비례세율 = 각 토지별 산출세액

(1) 낮은 세율(저율) 적용대상 토지

1) 1천분의 0.7(0.07%)적용대상 토지

① 군(읍·면 포함)지역에서 실제 경작되는 개인소유농지(전, 답, 과수원)

② 다음의 법인·단체의 소유농지

> · 농업법인이 소유하는 농지로 실제영농에 사용되고 있는 농지
> · 한국농어촌공사가 농가에 공급하기 위하여 소유하는 농지
> · 매립·간척에 의하여 농지를 취득한 법인이 직접 경작하는 농지
> · 사회복지사업자가 복지시설이 소비용에 공하기 위하여 소유하는 농지
> · 종중이 소유하고 있는 농지(90.5.31이전 소유함)

③ 도시지역 밖 기준면적이내 목장용지

④ 산림의 보호나 육성이 필요한 임야

> · 종중이 소유하고 있는 임야(90.5.31이전 소유함)
> · 상수원보호구역 안의 임야
> · 공원자연환경지구내의 임야
> · 개발제한구역의 임야
> · 문화유산의 보존 및 활용에 관한 법률에 따른 지정문화유산 안의 임야
> · 자연유산의 보존 및 활용에 관한 법률에 따른 천연기념물등 안의 임야 등

2) 1천분의 2(0.2%)적용대상 토지

① 공장용지

> · 산업단지나 공업지역, 공장유치지역의 입지기준면적이내의 토지
> · 군(읍 · 면 포함)지역의 입지기준면적이내의 토지

② 기타 공급용토지

> · 국가나 지방자치단체가 국방상의 목적 외에는 그 사용 및 처분 등을 제한하는 공장
>   구내의 토지
> · 염전이나 여객 또는 화물터미널용 토지, 개발사업용 토지
> · 부동산투자회사의 목적사업용 토지 등

(2) 높은 세율(고율) 적용대상 토지(사치성 토지) : 1천분의 40(4%)적용

① 회원제 골프장 토지   ② 고급오락장 토지

❷ 별도합산과세대상 토지

상가나 사무실 등의 일반영업용 건축물의 부속토지

> 지방자치단체(시 · 군)별 모두 합산한 토지가액 × 초과누진세율 = 시 · 군별 세액

(1) 일반영업용 건축물(상가 · 사무실 등)의 용도지역별 배율 기준면적이내의 토지

> 기준면적 = 건축물 바닥면적 × 용도지역별 배율(상업지역은 3배)

(2) 별도합산대상토지로 의제되는 토지

① 스키장 및 회원제 골프장이 아닌 골프장 토지 중 원형이 보전되는 임야

② 법인묘지용 토지로서 지적공부상 지목이 묘지인 토지

③ 견인된 차를 보관하는 토지로서 시설을 갖춘 토지

④ 도로교통법에 따라 등록된 자동차운전학원의 자동차운전학원용 토지로서 법에서 정하
   는 시설을 갖춘 구역 안의 토지

⑤ 부설주차장 설치기준면적 이내의 토지 등

❸ 종합합산과세대상 토지

나대지나 무허가건축물의 토지 등

> 지방자치단체(시 · 군)별 모두 합산한 토지가액 × 초과누진세율 = 시 · 군별 세액

(1) 실제 경작되지 않은 농지, 법인 또는 단체의 소유농지(일부 제외)

(2) 기준면적 초과 목장용지 · 기준면적 초과 공장용지 · 기준면적 초과 일반건축물의 토지

(3) 무허가 건축물의 부속토지 또는 사용승인이 없는 건축물의 부속토지

(4) 지상정착물이 없는 토지(나대지)

(5) 건축물의 시가표준액이 해당 부속토지의 시가표준액의 100분의 2에 미달하는 건축물의 부속토지 증 그 건축물의 바닥면적을 제외한 부속토지

(6) 기타 분리과세대상 및 별도합산과세대상의 토지를 제외한 토지 등

구 분		분리과세대상토지	별도합산대상토지	종합합산대상토지
공장용 건축물 부속토지		· 산업단지나 공업지역의 입지 기준면적이내의 토지 · 군(읍 · 면 포함)지역의 입지기 준면적이내의 토지	· 주거지역 등의 공장용지로 용도지역별 배율* 기준면적 이내	· 산업단지 등 입지기준면적 초과 토지 · 군지역의 입지기준면적 초과 토지 · 용도지역별 배율 초과부분의 토지
농지(전 · 답 · 과수원)	법인	· 농업법인의 소유농지 · 한국농어촌공사가 농가에 공급하기 위하여 소유하는 농지 · 매립 · 간척에 의하여 농지를 취득한 법인이 직접 경작하는 농지 · 복지시설이 소비용에 공하기 위하여 소유하는 농지 · 종중소유농지(1990.5.31이전 소유)		· 법인 · 단체의 소유농지 (분리과세농지 제외)
	개인	· 군지역에서 실제경작농지		· 실제경작되지 않은 농지 · 도시지역내 주거지역 · 상업지역 등 농지
목장용지		· 도시지역 밖 기준면적이내 목장용지		· 기준면적초과면적의 목장용지 · 도시지역내 주거지역 · 상업지역 등 목장용지

임야	· 공원자연환경지구내의 임야 · 지정문화유산 안의 임야 · 종중소유임야 　(1990.5.31이전 소유) · 개발제한구역의 임야 · 상수원보호구역의 임야 등		· 일반적인 임야
일반영업 용 건축물 부속토지	· 회원제 골프장 토지 · 고급오락장 토지	· 일반영업용건축물 　(상가·사무실 등) 　의 용도지역별 배 　율 기준면적이내 　의 토지	· 용도지역별 배율 기준면적초 　과부분의 토지 · 무허가 또는 사용승인이 없는 　건축물 부속토지
기 타	· 공급용 토지 ① 염전 ② 부동산투자회사의 　목적사업용 토지 ③ 터미널용 토지 ④ 개발사업용 토지 등	· 부설주차장설치기 　준면적 이내의 토 　지 · 자동차운전학원토 　지 · 스키장 및 회원제 　골프장이 아닌 골 　프장토지 중 원형 　이 보전되는 임야	· 지상정착물이 없는 나대지 · 건축물의 시가표준액이 해당 　토지의 시가표준액의 100분 　의 2에 미달하는 건축물의 　부속토지 중 그 건축물의 바 　닥면적을 제외한 부속토지

▱용도지역별배율을 적용한 기준면적 = 건축물 바닥면적 × 용도지역별 배율(예, 상업지역은 3배)

예제

1. 지방세법상 재산세의 납세의무자에 관한 설명으로 틀린 것은?

① 국가, 지방자치단체 및 지방자치단체조합이 선수금을 받아 조성하는 매매용 토지 로서 사실상 조성이 완료된 토지의 사용권을 무상으로 받은 자가 있는 경우에는 그자를 매수계약자로 보아 재산세의 납세의무가 있다.

② 공유재산인 경우 그 지분에 해당하는 부분에 대하여는 그 지분권자를 납세의무자 로 본다. 다만, 지분의 표시가 없는 경우에는 각자 지분은 균등한 것으로 본다.

③ 신탁법에 의하여 수탁자명의로 등기·등록된 신탁재산의 경우에는 위탁자의 재산 으로 보아 위탁자를 납세의무자로 본다.

④ 상속이 개시된 재산으로서 상속등기가 이행되지 아니하고 사실상의 소유자를 신고 하지 아니하였을 때에는 공동상속인 각자가 받았거나 받을 재산에 따라 납부할 의무를 진다.

⑤ 도시개발사업 및 「도시 및 주거환경정비법」에 따른 정비사업의 시행에 따른 환지 계획에서 일정한 토지를 환지로 정하지 아니하고 체비지 또는 보류지로 정한 경 우에는 사업시행자를 납세의무자로 본다.

Solution ④

상속이 개시된 재산으로서 상속등기가 이행되지 아니하고 사실상의 소유자를 신고하지 아니하였을 때에는 주된 상속자를 납세의무자로 본다. 이때에 주된 상속자란 민법상 상속지분이 가장 높은 사람으로 하되, 상속지분이 가장 높은 사람이 두 명 이상이면 그중 나이가 많은 사람으로 한다.

2. 재산세 과세대상인 토지는 분리과세대상토지, 별도합산과세대상토지, 종합합산과세대상토지로 구분하여 과세한다. 다음 중 과세대상토지를 구분한 것 중 틀린 것은?

① 스키장 및 회원제 골프장이 아닌 골프장 토지 중 원형이 보전되는 임야 : 분리과세대상토지

② 상가나 사무실 등의 일반영업용 건축물의 토지로 용도지역별 배율을 적용한 기준면적이내의 토지 : 별도합산과세대상토지

③ 군(읍·면 포함)지역에 소재하는 공장용 건축물의 부속토지로서 법령 소정의 공장입지기준면적 범위 안의 토지 : 분리과세대상토지

④ 건축법 등의 규정에 의하여 허가 등을 받아야 할 건축물(공장용 제외)로서 허가 등을 받지 아니한 건축물의 부속토지 : 종합합산과세대상토지

⑤ 건축물(공장용 제외)의 시가표준액이 당해 토지의 시가표준액의 100분의 2에 미달하는 건축물의 부속토지 중 건축물 바닥면적을 제외한 토지 : 종합합산과세대상토지

Solution ①

스키장 및 회원제 골프장이 아닌 골프장 토지 중 원형이 보전되는 임야, 법인묘지용 토지로서 지적공부상 지목이 묘지인 토지 등은 별도합산과세대상토지에 해당한다.

제4절 재산세 과세표준 및 세율

❶ 재산세 과세표준 : 재산세 과세기준일 현재 그 재산가액

(1) 토지, 건축물, 주택의 경우

> 토지, 건축물, 주택의 과세표준 = 과세기준일 현재 시가표준액 × 공정시장가액비율*

*공정시장가액비율은 토지와 건축물은 100분의 70(70%), 주택(고급주택 포함)의 경우에는 100분의 60(60%)을 적용한다.

(2) 선박, 항공기의 경우

> 선박, 항공기의 과세표준 = 과세기준일 현재의 시가표준액

(3) 주택의 과세표준 상한

주택의 과세표준이 다음 계산식에 따른 과세표준 상한액보다 큰 경우에는 해당 주택의 과세표준은 과세표준 상한액으로 한다.

> · 대통령령으로 정하는 직전 연도 해당 주택의 과세표준 상당액+(과세기준일 당시 시가표준액으로 산정한 과세표준×과세표준 상한율)
> · 과세표준 상한율=소비자물가지수, 주택가격변동률, 지방재정 여건 등을 고려하여 0에서 100분의 5범위 이내로 대통령령으로 정하는 비율

❷ 재산세 세율

(1) 표준세율

통상 적용하는 세율로 재산세 과세물건별로 차등비례세율과 초과누진세율 구조로 되어 있다.

1) 토지

종합합산과세대상토지 및 별도합산과세대상토지는 초과누진세율을 적용하고, 분리과세대상토지는 차등비례세율을 적용한다.

종합합산 과세대상 토지	납세의무자가 소유하고 있는 해당 지방자치단체(시·군 또는 자치구) 관할구역에 있는 종합합산과세대상이 되는 토지가액을 모두 합한 금액을 과세표준으로 하여 과세표준 크기에 따라 종합합산과세대상의 세율(초과누진세율)을 적용한다. **과세표준 / 세율** 5천만원 이하 : 과세표준의 1천분의 2 5천만원 초과 1억 원이하 : 10만원 + (5천만원 초과금액의 1천분의 3) 1억원 초과 : 25만원 + (1억원 초과금액의 1천분의 5)
별도합산 과세대상 토지	납세의무자가 소유하고 있는 해당 지방자치단체(시·군 또는 자치구) 관할구역에 있는 별도합산과세대상이 되는 토지가액을 모두 합한 금액을 과세표준으로 하여 과세표준 크기에 따라 별도합산과세대상의 세율(초과누진세율) 적용한다. **과세표준 / 세율** 2억원 이하 : 과세표준의 1천분의 2 2억원 초과 10억 원이하 : 40만원 + (2억원 초과금액의 1천분의 3) 10억원 초과 : 280만원 + (10억원 초과금액의 1천분의 4)
분리 과세대상 토지	차등비례세율 적용 · 농지(전, 답, 과수원), 목장용지 및 임야 : 1천분의 0.7(0.07%) · 공장용지, 염전이나 터미널 등의 공급용 토지 : 1천분의 2(0.2%) · 회원제 골프장 토지 및 고급오락장용 토지 : 1천분의 40(4%)

2) 건축물 : 차등비례세율

① 상가건축물 및 공장건축물 등 일반건축물 : 과세표준액의 1천분의 2.5

② 시지역의 주거지역 및 조례로 정하는 지역의 공장용 건축물 : 과세표준액의 1천분의 5

③ 회원제 골프장 건축물, 고급오락장용 건축물 : 과세표준액의 1천분의 40

3) 주택

주거용으로 건축된 건물로서 주거용으로만 사용되는 있는 건물로 토지와 건물가액을 합산한 과세표준에 1세대 1주택에 대한 주택 세율 특례와 일반주택으로 구분하여 해당 세율을 적용하여 재산세액을 계산한다.

	대통령령으로 정하는 1세대 1주택(시가표준액이 9억원 이하의 주택으로 한정)은 주택의 토지와 건물의 가액을 합산한 과세표준 크기에 따라 1천분의 0.5 (0.05%)~ 1천분의 3.5(0.35%)까지 초과누진세율을 적용한다.

1세대 1주택 세율특례

과세표준	세 율
6천만원 이하	과세표준의 1천분의 0.5
6천만원 초과 1억 5천만원이하	3만원 + (6천만원 초과금액의 1천분의 1)
1억 5천만원 초과 3억원 이하	12만원 + (1억원 5천만원 초과금액의 1천분의 2)
3억원 초과	42만원 + (3억원 초과금액의 1천분의 3.5)

일반주택 (별장 및 고급주택 포함)

주택의 토지와 건물의 가액을 합산한 과세표준 크기에 따라 1천분의 1 (0.1%)~ 1천분의 4(0.4%)까지 초과누진세율을 적용한다.

과세표준	세 율
6천만원 이하	과세표준의 1천분의 1
6천만원 초과 1억 5천만원 이하	6만원 + (6천만원 초과금액의 1천분의 1.5)
1억 5천만원 초과 3억원 이하	19만 5천원 + (1억원 5천만원 초과금액의 1천분의 2.5)
3억원 초과	57만원 + (3억원 초과금액의 1천분의 4)

[주택의 세율 적용방법]

1. 별장 및 고급주택은 일반주택과 동일하게 해당 매 1구 주택가액에 초과누진세율을 적용한다.
2. 주택을 2인 이상이 공동으로 소유하거나 토지와 건물의 소유자가 다를 경우 당해 주택에 대한 세율을 적용함에 있어서는 당해 주택의 토지와 건물의 가액을 합산한 과세표준액에 주택에 대한 세율을 적용하여 세액 계산하고 주택분 산출세액을 소유지분별로 또는 건물과 토지의 가액(시가표준액)비율로 각각 나눈 가액을 소유자별로 각각 과세한다.
3. 다가구주택은 1가구가 독립하여 구분사용 할 수 있도록 분리된 부분을 1구의 주택으로 본다. 이 경우 부속토지는 건물면적의 비율에 따라 각각 나눈 면적을 1구의 부속토지로 본다.

4. 1인이 수개의 주택을 보유한 경우에는 독립된 매 1구의 주택마다 산출세액을 계산하고, 1가구가 여러 개의 주택을 보유한 경우에도 가구별로 합산하지 않고 소유자 개인별로 각각 재산세를 부과한다.

· 매 1구 주택가액 × 초과누진세율 = 주택별 산출세액

5. 주택의 부속토지의 경계가 명백하지 아니한 경우에는 그 주택의 바닥면적의 10배에 해당하는 토지를 주택의 부속토지로 본다.

4) 선박과 항공기

선박과 항공기의 표준세율은 1,000분의 3으로 한다. 다만, 고급선박의 경우에는 1,000분의 50으로 한다.

(2) 재산세 중과세율

과밀억제권역(산업단지 등은 제외) 안에서 공장 신설·증설 시 공장용 건축물은 최초의 과세기준일부터 5년간 일반건축물의 세율(1천분의 2.5)에 대한 100분의 500(5배)에 해당하는 세율을 적용한다.

(3) 탄력세율

특별한 재정수요나 재해 등의 발생으로 세율 조정이 불가피하다고 인정되는 경우 지방자치단체의 장은 조례로 정하여 재산세의 세율을 표준세율의 100분의 50의 범위 안에서 가감할 수 있으며, 가감된 세율은 당해 연도에 한하여 적용한다.

❸ 재산세 도시지역분

도시지역내 일정한 토지, 건축물 또는 주택에 대하여는 다음과 같이 산출세액을 계산한다.

재산세 세액 = 표준세율 또는 중과세율을 적용하여 산출한 재산세액
　　　　　　 + (토지, 건축물, 주택의 재산세 과세표준 × 1천분의 1.4)

다만, 조례로 정하는 바에 따라 1천분의 2.3을 초과하지 아니하는 범위내에서 다르게 정할 수 있다.

제5절　재산세 부과 · 징수 및 비과세

1 재산세 부과 · 징수

(1) 과세기준일, 납기와 납세지

과세기준일	매년 6월 1일
납기	· 건축물, 선박, 항공기 : 매년 7월 16일부터 7월 31일까지 · 토지 : 매년 9월 16일부터 9월 30일까지 · 주택(부속토지 포함) 　해당연도에 부과 · 징수할 세액의 2분의 1은 매년 7월 16일부터 7월 31일까지, 나머지 2분의 1은 매년 9월 16일부터 9월 30일까지 　다만, 해당연도에 부과할 세액이 20만원 이하인 경우에는 조례로 정하는 바에 따라 납기를 7월 16일부터 7월 31일까지 일시에 부과 · 징수 할 수 있다.
납세지	재산의 소재지를 관할하는 시, 군, 구 ① 토지 : 토지의 소재지 ② 건축물 : 건축물의 소재지 ③ 주택 : 주택의 소재지 ④ 선박 : 선적항의 소재지 ⑤ 항공기 : 정치장의 소재지

(2) 부과징수방법

1) 보통징수방법

재산소재지 시장, 군수, 구청장은 직접 세액을 결정하여 늦어도 납기개시 5일 전까지 납세고지서를 발부하여 징수한다.

① 토지의 재산세 : 시장, 군수, 구청장은 종합합산과세대상토지, 별도합산과세대상토지와 분리과세대상토지로 구분하고 납세의무자별로 합산하여 세액을 산출한 후 한 장의 납세고지서로 발급하여 징수한다.

② 토지 외의 재산에 대한 재산세 : 건축물, 주택, 선박 및 항공기로 구분하여 과세대상 물건마다 각각 한 장의 고지서로 발급하거나 물건의 종류별로 한 장의 고지서로 발급할 수 있다.

2) 소액징수면제

고지서 1장당 재산세로 징수할 세액이 2천원 미만인 경우에는 해당 재산세를 징수하지 아니한다.

3) 납세고지시 병기가능세목

재산세 납기와 같은 경우에는 소방분 지역자원시설세를 나란히 적어 고지할 수 있다.

(3) 세부담의 상한 등

세 부담 상한	토지 및 건축물 등 당해 재산	직전 연도 총세액의 100분의 150
	주택	적용하지 아니한다.
수시 부과	과세대상의 누락, 위법, 착오 등으로 인한 경우 이미 부과한 세액을 변경하거나 나 수시로 부과하여야 할 사유가 발생하면 수시로 부과·징수할 수 있다.	
부가세	지방교육세 : 납부세액의 100분의 20(20%)	
공부상 등재현황 부과	재산세의 과세대상 물건이 토지대장, 건축물대장 등 공부상 등재되지 아니하였거나 공부상 등재 현황과 사실상의 현황이 다른 경우에는 사실상의 현황에 따라 재산세를 부과한다. 다만, 재산세의 과세대상 물건을 공부상 등재현황과 달리 이용함으로써 재산세 부담이 낮아지는 경우 등 대통령령으로 정하는 경우에는 공부상 등재현황에 따라 재산세를 부과한다.	

(4) 소유권 변동 등의 신고의무

다음에 해당하는 자는 과세기준일부터 15일 이내에 그 소재지를 관할하는 지방자치단체의 장에게 그 사실을 알 수 있는 증거자료를 갖추어 신고하여야 한다.

① 재산의 소유권 변동 또는 과세대상 재산의 변동 사유가 발생하였으나 과세기준일까지 그 등기·등록이 되지 아니한 재산의 공부상 소유자

② 상속이 개시된 재산으로서 상속등기가 되지 아니한 경우에는 주된 상속자

③ 사실상 종중재산으로서 공부상에는 개인 명의로 등재되어 있는 재산의 공부상 소유자

④ 수탁자 명의로 등기·등록된 신탁재산의 수탁자

⑤ 1세대가 둘 이상의 주택을 소유하고 있음에도 불구하고 1세대 1주택에 따른 세율을 적용받으려는 경우에는 그 세대원

⑥ 공부상 등재 현황과 사실상의 현황이 다르거나 사실상의 현황이 변경된 경우에는 해당 재산의 사실상 소유자

다만, 신고가 사실과 일치하지 아니하거나 신고가 없는 경우에는 지방자치단체의 장이 직권으로 조사하여 과세대장에 등재할 수 있다. 부동산등기부에 직권등기는 할 수 없다.

(5) 신탁재산의 물적납세의무

① 신탁재산의 위탁자가 재산세 · 가산금 또는 체납처분비("재산세 등")를 체납한 경우로서 그 위탁자의 다른 재산에 대하여 체납처분을 하여도 징수할 금액에 미치지 못할 때에는 해당 신탁재산의 수탁자는 그 신탁재산으로써 위탁자의 재산세 등을 납부할 의무가 있다.

② 수탁자로부터 납세의무자의 재산세 등을 징수하려는 지방자치단체의 장은 납부통지서를 수탁자에게 고지하여야 한다.

(6) 납부유예

1) 납부유예제도

지방자치단체의 장은 일정한 요건을 모두 충족하는 납세의무자가 1세대 1주택의 재산세액("주택 재산세"라 한다)의 납부유예를 그 납부기한 만료 3일 전까지 신청하는 경우 이를 허가할 수 있다. 이 경우 납부유예를 신청한 납세의무자는 그 유예할 주택 재산세에 상당하는 담보를 제공하여야 한다.

2) 납부유예 취소

지방자치단체의 장은 주택 재산세의 납부가 유예된 납세의무자가 다음에 해당하는 경우에는 그 납부유예 허가를 취소하여야 한다.

1. 해당 주택을 타인에게 양도하거나 증여하는 경우
2. 사망하여 상속이 개시되는 경우
3. 담보의 변경 또는 그 밖에 담보 보전에 필요한 지방자치단체의 장의 명령에 따르지 아니한 경우 등

3) 가산세 배제

지방자치단체의 장은 납부유예를 허가한 날부터 징수할 세액의 고지일까지의 기간 동안에는 「지방세기본법」 제55조에 따른 납부지연가산세를 부과하지 아니한다.

예제

지방세법상 재산세 과세대상에 대한 표준세율 적용에 관한 설명으로 틀린 것은?

① 납세의무자가 해당 지방자치단체관할구역에 소유하고 있는 종합합산과세대상토지의 가액을 모두 합한 금액을 과세표준으로 하여 종합합산과세대상의 세율(초과누진세율)을 적용한다.

② 납세의무자가 해당 지방자치단체 관할구역에 소유하고 있는 별도합산과세대상토지의 가액을 모두 합한 금액을 과세표준으로 하여 별도합산과세대상의 세율(초과누진세율)을 적용한다.

③ 시장·군수는 재해 등의 발생으로 세율 조정이 불가피하다고 인정되는 경우 조례로 정하는 바에 따라 표준세율의 100분의 50 범위에서 가감할 수 있지만, 가감한 세율은 해당 연도에만 적용한다.

④ 납세의무자가 해당 지방자치단체 관할구역에 2개 이상의 주택을 소유하고 있는 경우 그 주택의 가액을 모두 합한 금액을 과세표준으로 하여 주택의 세율(초과누진세율)을 적용한다.

⑤ 주택에 대한 토지와 건물의 소유자가 다를 경우 해당 주택의 토지와 건물의 가액을 합산한 과세표준에 주택의 세율(초과누진세율)을 적용한다.

Solution ④

납세의무자가 해당 지방자치단체 관할구역에 2개 이상의 주택을 소유하고 있는 경우라도 독립된 매 1구의 주택마다 주택의 가액에 따라 주택의 세율(초과누진세율)을 적용하여 각각 산출세액을 계산한다.

❷ 재산세 물납과 분납

(1) 물 납

재산세의 납부세액이 1천만원을 초과하는 경우 당해 지방자치단체의 관할구역 안에 소재하는 부동산에 한하여 물납을 허가할 수 있다.

1) 신청·허가

① **신청** : 납부기한 10일 전까지 재산소재지 시장, 군수 또는 구청장에게 신청

② **허가** : 물납신청을 받은 시장·군수 또는 구청장은 신청받은 날부터 5일 이내에 납세의무자에게 그 허가여부를 서면으로 통지

③ **물납시기** : 물납허가를 받은 부동산을 물납하였을 때(물납대상 부동산의 소유권이전등기필증을 발급받은 때)에는 납부기한 내에 납부한 것으로 본다.

2) 물납불허가

시장, 군수는 물납신청을 받은 부동산이 관리·처분하기가 부적당하다고 인정되는 경우에는 물납을 허가하지 아니할 수 있다. 그리고 불허가통지를 받은 납세자는 당해 지방자치단체의 관할구역 안에 소재하는 다른 부동산으로 불허가통지를 받은 날로부터 10일 이내에 변경신청 할 수 있다.

3) 물납허가 부동산의 평가 : 과세기준일 현재의 시가로 한다.

① 토지 및 주택 : 부동산가격공시에 관한 법률에 의하여 공시된 가액인 시가표준액
  (토지는 개별공시지가, 주택은 개별주택가격이나 공동주택가격)

② 건축물 : 지방자치단체의 장이 결정한 시가표준액

다만, 수용으로 보상가액·공매가액 및 감정가액 등으로서 시가로 인정되는 경우에는 시가로 본다. 시가로 인정되는 가액이 둘 이상인 경우에는 재산세의 과세기준일부터 가장 가까운 날에 해당하는 가액에 의한다.

(2) 분할납부

재산세의 납부할 세액이 250만원을 초과하여 분할납부를 하려는 자는 납부기한까지 신청하여 납부기한이 경과한 날로부터 3개월 이내에 일부를 분할납부 할 수 있다.

① 납부할 세액이 500만원 이하인 때 : 250만원을 초과하는 금액

② 납부할 세액이 500만원을 초과하는 때 : 그 세액의 100분의 50 이하의 금액

그리고 분할납부신청을 받았을 때에는 납부기한 내에 납부하여야 할 납세고지서와 분할납부기간내에 납부할 납세고지서로 구분하여 수정고지 하여야 한다.

다음은 지방세법의 재산세에 대한 설명이다. 틀린 것은?

① 주택에 대한 재산세의 경우 해당 연도에 부과·징수할 세액의 2분의 1은 매년 7월 16일부터 7월 31일까지, 나머지 2분의 1은 9월 16일부터 9월 30일까지를 납기로 한다. 다만, 해당 연도에 부과할 세액이 20만원 이하인 경우에는 조례로 정하는 바에 따라 납기를 7월 16일부터 7월 31일까지로 하여 한꺼번에 부과·징수할 수 있다.

② 지방자치단체의 장은 과세대상의 누락, 위법, 착오 등으로 인한 경우 이미 부과한 세액을 변경하거나 수시로 부과하여야 할 사유가 발생하면 수시로 부과·징수할 수 있다.

③ 재산세를 징수하고자 하는 때에는 시장, 군수, 구청장은 토지, 건축물, 주택, 선박 및 항공기로 구분한 납세고지서에 과세표준액과 세액을 기재하여 늦어도 납기개시 5일 전까지 발부하여야 한다.

④ 재산세 납부세액이 250만원을 초과하여 재산세를 분납 하려는 자는 재산세 납부기한까지 신청서를 시장·군수에게 제출하여 납부기한 경과 후 3개월 이내에 일부를 분납할 수 있다.

⑤ 지방자치단체의 장은 특별한 재정수요나 재해 등의 발생으로 재산세의 세율 조정이 불가피하다고 인정되는 경우 조례로 정하는 바에 따라 표준세율의 100분의 50의 범위에서 가감할 수 있다. 다만, 가감한 세율은 해당 연도를 포함하여 3년간 적용한다.

Solution ⑤

지방자치단체의 장은 특별한 재정수요나 재해 등의 발생으로 재산세의 세율 조정이 불가피하다고 인정되는 경우 조례로 정하는 바에 따라 표준세율의 100분의 50의 범위에서 가감할 수 있다. 다만, 가감한 세율은 해당 연도에만 적용한다.

❸ 재산세 비과세

국가 등에 대한 비과세	① 국가, 지방자체단체, 지방자치단체조합, 외국정부 및 주한국제기구의 소유에 속하는 재산 단, 다음의 경우에는 재산세를 부과한다. · 대한민국정부기관의 재산에 대하여 과세하는 외국정부의 재산 · 국가 등의 소유재산을 연부로 매매계약을 체결하고 그 재산의 사용권을 무상으로 부여받은 경우의 그 매수계약자 ② 국가나 지방자치단체 등이 1년 이상 공용 또는 공공용에 사용(1년 이상 사용할 것이 계약서 등에 의하여 입증되는 경우를 포함한다)하는 재산 단, 다음의 경우에는 재산세를 부과한다. · 유료로 사용하는 경우 · 소유권의 유상이전을 약정한 경우로서 그 재산을 취득하기 전에 미리 사용하는 경우
용도구분에 따른 비과세	① 도로법에 의한 도로(도로관리시설, 휴게시설, 주유소, 충전소, 교통·관광안내소 및 도로에 연접하여 설치한 연구시설은 제외)와 그 밖에 일반인의 자유로운 통행을 위하여 제공할 목적으로 개설한 사설도로·하천·제방·구거·유지·묘지 다만, 특정인 전용하는 제방은 과세한다. ② 군사시설보호구역 중 통제보호구역안의 토지 (다만 전, 답, 과수원 및 대지는 과세) ③ 산림보호법에 따른 산림보호구역 또는 산림자원의 조성 및 관리에 관한 법률에 따라 지정된 채종림·시험림 ④ 공원자연보존지구안의 임야 ⑤ 임시흥행장, 공사현장사무소 등 임시건축물 : 과세기준일 현재 1년 미만인 것 ⑥ 행정관청으로부터 철거명령을 받은 건축물 등 및 철거보상계약이 체결된 건축물 또는 주택(건축물만 한한다). 단 주택의 대지는 과세한다.

📝 용도구분 비과세대상이라도 당해 부동산을 수익사업용에 사용하는 경우와 유료로 사용하게 하는 경우 또는 고급오락장 및 회원제 골프장 등의 사치성 재산은 재산세를 부과한다.

예제

지방세법상 재산세 납부에 관한 설명으로 틀린 것은?

① 토지와 건물의 소유자가 다른 주택에 대해 세율을 적용할 때 해당 주택의 토지와 건물의 가액을 소유자별로 구분 계산한 과세표준에 해당 세율을 적용하여 산출세액으로 한다.

② 토지, 건축물, 주택에 대한 재산세의 과세표준은 과세기준일 현재의 시가표준액에 부동산 시장의 동향과 지방재정 여건 등을 고려하여 공정시장가액비율을 곱하여 산정한 가액으로 한다.

③ 「건축법 시행령」에 따른 다가구주택은 1가구가 독립하여 구분사용 할 수 있도록 분리된 부분을 매 1구의 주택으로 보며, 이 경우 그 부속토지는 건물면적의 비율에 따라 각각 나눈 면적을 1구의 부속토지로 본다.

④ 재산세 납부세액이 1천만원을 초과하여 재산세를 물납하려는 자는 법령으로 정하는 서류를 갖추어 그 납부기한 10일전까지 납세지를 관할하는 시장·군수에게 신청하여야 한다.

⑤ 「도로교통법」에 따라 등록된 자동차운전학원의 자동차운전학원용 토지로서 같은 법에서 정하는 시설을 갖춘 구역 안의 토지는 일정한 기준면적범위안의 토지는 별도합산과세대상토지에 해당한다.

Solution ①

주택을 2인 이상이 공동으로 소유하거나 토지와 건물의 소유자가 다를 경우 당해 주택에 대한 세율을 적용함에 있어서는 당해 주택의 토지와 건물의 가액을 합산한 과세표준액에 주택에 대한 세율(초과누진세율)을 적용하여 세액계산하고 주택분 산출세액을 소유지분별로 또는 건물과 토지의 가액(시가표준액)비율로 각각 나눈 가액을 소유자별로 각각 과세한다.

[중요 지문정리]

01. 재산세 과세대상은 토지, 건축물, 주택, 선박 및 항공기이다. 이때 토지란 주택의 토지를 제외한 지적공부의 등록대상이 되는 토지와 그밖에 사용되고 있는 사실상의 토지(미등록된 토지를 포함)를 말한다. 건축물이란 주거용 건축물을 제외한 「건축법」에 의한 건축물과 토지에 정착하거나 지하 또는 다른 구조물에 설치하는 시설물을 말한다.

02. 1동(棟)의 건물이 주거와 주거 외의 용도에 사용되고 있는 경우에는 주거용에 사용되고 있는 부분만을 주택으로 보며, 이 경우 건물의 부속토지는 주거와 주거 외의 용도에 사용되고 있는 건물의 면적비율에 따라 각각 안분하여 주택의 부속토지와 건물의 부속토지로 구분한다.

03. 1구(購)의 건물이 주거와 주거 외의 용도에 겸용되는 경우에는 주거용으로 사용되는 면적이 100분의 50 이상인 경우에는 주택으로 본다. 다만, 건축물에서 허가 등이나 사용승인을 받지 아니하고 주거용으로 사용하는 면적이 전체 건축물 면적(허가 등이나 사용승인을 받은 면적을 포함한다)의 100분의 50 이상인 경우에는 그 건축물 전체를 주택으로 보지 아니하고, 그 부속토지는 종합합산과세대상에 해당하는 토지로 본다.

04. 주택의 부속토지의 경계가 명백하지 아니한 경우에는 그 주택의 바닥면적의 10배에 해당하는 토지를 주택의 부속토지로 본다.

05. 스키장 및 회원제 골프장이 아닌 골프장용 토지 중 원형이 보전되는 임야 및 등록된 자동차운전학원의 자동차운전학원용 토지로서 같은 법에서 정하는 시설을 갖춘 구역 안의 토지, 법인묘지용 토지로 지적공부상 지목이 묘지인 토지는 별도합산과세대상토지이다.

06. 지정문화재 안의 임야, 국가 또는 지방자치단체가 국방상의 목적 외에는 그 사용 및 처분 등을 제한하는 공장구내의 토지, 「자연공원법」에 따라 지정된 공원자연환경지구의 임야 및 개발제한구역의 임야(1989년 12월 31일 이전부터 소유함)는 분리과세대상토지에 해당한다.

07. 별도합산과세대상 토지는 상가, 일반영업용 · 상업용 건축물의 부속토지로서 용도지역별 배율을 적용한 기준면적 이내인 토지를 말하며, 기준면적을 초과하는 토지는 종합합산과세대상 토지이다.

08. 과세기준일 현재 건축물 또는 주택이 사실상 철거 · 멸실된 날부터 6개월이 지나지 아니한 건축물 또는 주택의 부속토지는 별도합산과세대상토지에 해당한다.

09. 건축법 등 관계법령의 규정에 따라 허가 등을 받지 아니하거나 사용승인을 받아야 할 건축물로서 사용승인을 받지 아니하고 사용하는 건축물의 부속토지 및 건축물의 시가표준액이 해당 부속토지의 시가표준액의 100분의 2에 미달하는 건축물의 부속토지 중 그 건축물의 바닥면적을 제외한 부속토지는 종합합산과세대상토지에 해당한다.

10. 지방자치단체의 장은 특별한 재정수요나 재해 등의 발생으로 재산세의 세율 조정이 불가피하다고 인정되는 경우 조례로 정하는 바에 따라 표준세율의 100분의 50의 범위에서 가감할 수 있다. 다만, 가감한 세율은 해당 연도에만 적용한다.

11. 국가나 지방자치단체와 재산세 과세대상재산을 연부로 매매계약을 체결하고 그 재산의 사용권을 무상으로 받은 경우에는 그 매수계약자를 재산세 납세의무자로 본다.

12. 상속이 개시된 재산으로서 상속등기가 이행되지 아니하고 사실상의 소유자를 신고하지 아니하였을 경우에는 주된 상속자가 재산세 납세의무자이다. 이 경우 주된 상속자란 「민법」상 상속지분이 가장 높은 사람(법령상 상속지분이 가장 높은 사람이 두 명 이상인 경우에는 그 중 나이가 많은 사람을 말한다.

13. 「신탁법」에 따라 수탁자 명의로 등기 · 등록된 신탁재산의 경우 재산세 납세의무자는 그 위탁자이다. 신탁법에 따른 수탁자명의로 등기 · 등록된 신탁재산은 위탁자의 소유자산으로 본다.

14. 토지·건축물·주택의 과세표준은 재산세 과세기준일 현재의 시가표준액에 공정시장가액비율을 곱한 금액으로 한다. 이때에 적용되는 공정시장가액비율은 토지 및 건축물은 100분의 70(70%)을, 주택(고급주택 포함)은 100분의 60(60%)을 적용한다.

15. 주택의 과세표준이 다음 계산식에 따른 과세표준 상한액보다 큰 경우에는 해당 주택의 과세표준은 과세표준 상한액으로 한다.

> · 대통령령으로 정하는 직전 연도 해당 주택의 과세표준 상당액+(과세기준일 당시 시가표준액으로 산정한 과세표준×과세표준 상한율)

16. 1세대 1주택 세율 특례를 제외한 주택(별장 및 고급주택 포함)에 대한 재산세의 세율은 매 1구 주택가액(과세표준)에 1천분의 1(0.1%) ~ 1천분의 4(0.4%)까지 초과누진세율을 적용한다.

17. 주택을 2인 이상이 공동으로 소유하는 경우 또는 토지와 건물의 소유자가 다를 경우 해당 주택에 대한 세율을 적용할 때 해당 주택의 토지와 건물의 가액을 합산한 과세표준에 주택의 세율(초과누진세율)을 적용한다.

18. 납세의무자가 해당 지방자치단체 관할구역에 2개 이상의 주택을 소유하고 있는 경우에도 주택가액을 합산하지 아니하고 주택별로 각각 과세표준으로 하여 주택의 세율(초과누진세율)을 적용하여 주택별 산출세액으로 한다.

19. 분리과세대상이 되는 토지는 해당 토지 가액을 과세표준으로 하여 분리과세대상토지의 세율(차등비례세율)을 적용한다. 그리고 별도합산과세대상 토지와 종합합산과세대상 토지는 납세의무자가 해당 지방자치단체 관할구역에 소유하고 있는 별도합산과세대상 토지와 종합합산과세대상 토지의 가액을 모두 합한 금액을 과세표준으로 하여 별도합산과세대상 토지의 세율(초과누진세율)과 종합합산과세대상 토지의 세율(초과누진세율)을 각각 적용한다.

20. 과밀억제권역(산업단지 및 유치지역과 공업지역은 제외) 내에서 공장을 신설 또는 증설하는 경우에 있어서 그 건축물에 대한 재산세의 세율은 최초의 과세기준일부터 5년간 표준세율(1,000분의 2.5)의 100분의 500(5배)의 세율로 중과세한다.

21. 특별시 지역에서 「국토의 계획 및 이용에 관한 법률」과 그 밖의 관계 법령에 따라 지정된 주거지역 및 해당 지방자치단체의 조례로 정하는 지역의 대통령령으로 정하는 공장용 건축물의 표준세율은 과세표준의 1천분의 5이다.

22. 신탁재산의 위탁자가 재산세·가산금 또는 체납처분비("재산세 등")를 체납한 경우로서 그 위탁자의 다른 재산에 대하여 체납처분을 하여도 징수할 금액에 미치지 못할 때에는 해당 신탁재산의 수탁자는 그 신탁재산으로써 위탁자의 재산세 등을 납부할 의무가 있다.

23. 재산의 소유권 변동 또는 과세대상 재산의 변동 사유가 발생하였으나 과세기준일까지 그 등기·등록이 되지 아니한 재산의 공부상 소유자, 상속이 개시된 재산으로서 상속등기가 되지 아니한 경우 주된 상속자, 공부상 등재현황과 사실상의 현황이 다르거나 사실상의 현황이 변경된 경우에는 해당 재산의 사실상 소유자는 과세기준일부터 15일 이내에 그 소재지를 관할하는 지방자치단체의 장에게 그 사실을 알 수 있는 증거자료를 갖추어 신고하여야 한다.

24. 재산세의 과세대상 물건을 공부상 등재 현황과 달리 이용함으로써 재산세 부담이 낮아지는 경우 등 대통령령으로 정하는 경우에는 공부상 등재 현황에 따라 재산세를 부과한다.

25. 재산세의 납기는 토지에 대한 재산세는 매년 9월 16일부터 9월 30일까지로, 건축물과 선박 및 항공기에 대한 재산세는 매년 7월 16일부터 7월 31일까지로, 주택에 대한 산출세액의 2분의 1은 매년 7월 16일부터 7월 31일까지, 나머지 2분의 1은 매년 9월 16일부터 9월 30일까지로 한다. 다만, 해당 연도에 주택에 부과할 세액이 20만원 이하인 경우에는 조례로 정하여 납기를 7월 16일부터 7월 31일까지로 하여 한꺼번에 부과·징수할 수 있다.

26. 재산세는 관할 지방자치단체의 장이 과세표준 및 세액을 결정하여 보통징수방법의 방법으로 부과·징수한다.

27. 재산세를 징수하려면 토지, 건축물, 주택, 선박 및 항공기로 각각 구분된 납세고지서에 과세표준과 세액을 적어 늦어도 납기 개시 5일 전까지 발급하여야 한다.

28. 토지에 대한 재산세는 납세의무자별로 한 장의 납세고지서로 발급하여야 하고, 토지 외의 재산에 대한 재산세는 과세대상을 물건마다 각각 한 장의 납세고지서로 발급하거나, 물건의 종류별로 한 장의 고지서로 발급할 수 있다.

29. 재산세의 납세지는 토지는 토지의 소재지, 건축물은 건축물의 소재지, 주택은 주택 소재지를 관할하는 지방자치단체이다.

30. 고지서 1장당 재산세로 징수할 세액이 2천원 미만인 경우에는 해당 재산세를 징수하지 아니한다.(소액징수면제)

31. 해당 재산(토지, 건축물)에 대한 재산세의 산출세액이 직전 연도의 해당 재산에 대한 재산세액 상당액의 100분의 150을 초과하는 경우에는 100분의 150에 해당하는 금액을 해당 연도에 징수할 세액으로 한다. 다만, 주택의 경우에는 세부담상한 규정을 적용하지 아니한다.

32. 지방자치단체의 장은 과세대상의 누락, 위법, 착오 등으로 인한 경우 이미 부과한 세액을 변경하거나 수시로 부과하여야 할 사유가 발생하면 수시로 부과·징수할 수 있다.

33. 지방자치단체의 장은 재산세 납부세액이 1천만원을 초과하는 경우 납세의무자의 신청을 받아 해당 지방자치단체의 관할구역에 소재하는 부동산에 대하여 법령으로 정하는 바에 따라 물납을 허가할 수 있다.

34. 불허가를 받은 경우 불허가 통지일로부터 10일 이내 관할구역내 소재하는 다른 부동산으로 변경신청 가능하고 그리고 소유권등기필증을 발급받은 때를 물납한 때로 본다. 물납하였을 때에는 납기 내 납부한 것으로 본다.

35. 지방자치단체의 장은 재산세의 납부세액이 250만원을 초과하는 경우 납부기한까지 법령으로 정하는 신청서를 시장·군수에게 제출하여 납부할 세액의 일부를 납부기한이 지난날부터 3개월 이내에 분할납부 하게 할 수 있다.

36. 재산세를 분할납부 하게 하는 경우의 분할납부 세액은 납부할 세액이 500만원 이하인 때에는 250만원을 초과하는 금액을, 납부할 세액이 500만원을 초과하는 때에는 그 세액의 100분의 50 이하의 금액으로 한다.

37. 지방자치단체의 장은 일정한 요건을 모두 충족하는 납세의무자가 1세대 1주택의 재산세액("주택 재산세"라 한다)의 납부유예를 그 납부기한 만료 3일 전까지 신청하는 경우 이를 허가할 수 있다. 이 경우 납부유예를 신청한 납세의무자는 그 유예할 주택 재산세에 상당하는 담보를 제공하여야 한다.

38. 재산세의 과세대상 물건이 토지대장, 건축물대장 등 공부상 등재되지 아니하였거나 공부상 등재 현황과 사실상의 현황이 다른 경우에는 사실상의 현황에 따라 재산세를 부과한다. 다만, 재산세의 과세대상 물건을 공부상 등재 현황과 달리 이용함으로써 재산세 부담이 낮아지는 경우 등 대통령령으로 정하는 경우에는 공부상 등재 현황에 따라 재산세를 부과한다.

39. 「도로법」에 따른 도로(도로관리시설, 휴게시설, 주유소, 충전소, 교통·관광안내소 및 도로에 연접하여 설치한 연구시설은 제외)와 그밖에 일반인의 자유로운 통행을 위하여 제공할 목적으로 개설한 사설도로(대지 안의 공지는 제외), 하천, 제방, 구거, 유지 및 묘지는 재산세를 부과하지 아니한다. 다만, 특정인이 전용하는 제방은 부과한다.

40. 국가·지방자치단체 등이 1년 이상 공용 또는 공공용으로 사용(1년 이상 사용할 것이 계약서 등에 의하여 입증되는 경우를 포함한다)하는 재산은 재산세를 비과세를 적용한다. 다만, 유료로 사용하는 경우 및 소유권의 유상이전을 약정한 경우로서 그 재산을 취득하기 전에 미리 사용하는 경우에는 재산세를 과세한다.

41. 재산세를 부과하는 해당 연도에 철거하기로 계획이 확정되어 재산세 과세기준일 현재 행정관청으로부터 철거명령을 받았거나 철거보상계약이 체결된 건축물 또는 주택(건축물부분만 한정)은 재산세를 비과세한다. 단, 주택의 대지는 과세한다.

제3편 국 세

제1장 종합부동산세

제1절 종합부동산세 특징 및 과세대상

❶ 종합부동산세 의의 및 특징

(1) 종합부동산세 의의

고액의 부동산 보유자에 대하여 종합부동산세를 부과하여 부동산 보유에 대한 조세부담의 형평성을 제고하고 부동산의 가격안정을 도모함으로써 지방재정의 균형발전과 국민경제의 건전한 발전에 이바지함을 목적으로 한다.

(2) 종합부동산세의 특징

① 국세, 재산과세, 보유과세
② 개인 또는 법인 모두 소유자별 과세 : 부부별 합산과세(×), 세대별 합산과세(×)
③ 과세대상 : 주택(고급주택 포함) 및 토지(분리과세대상토지는 제외)
④ 원칙 : 정부부과과세제도
　단, 신고 · 납부할 수 있으며 무신고가산세는 없지만 과소신고시는 과소신고가산세 적용한다.
⑤ 과세기준일 : 매년 6월 1일
　납부기간 : 당해연도 12월 1일부터 12월 15일까지
　단, 신고납부시에도 당해연도 12월 1일부터 12월 15일까지
⑥ 소액징수면제 (×)
⑦ 물납(×), 분할납부(○)(납부세액이 250만원 초과시 6개월 이내)
⑧ 세부담의 상한 (○)

② 종합부동산세 과세대상 : 주택 및 토지

(1) 주 택

「지방세법」 제104조 제3호에 의한 주택을 말한다.

(2) 토 지

「지방세법」 제104조 제1호에 따른 토지로 지적공부의 등록대상이 되는 토지와 그밖에 사용되고 있는 사실상의 토지를 말하며, 종합합산과세대상토지와 별도합산과세대상토지로 구분하여 과세한다.

[종합부동산세 과세 제외 대상]

주택 이외 모든 건축물(상가건축물, 공장건축물 등), 실제경작개인소유농지 및 상수원보호구역내 임야, 회원제 골프장 토지 등의 분리과세대상토지는 재산세는 과세대상에 해당하나 종합부동산세는 과세대상에서 제외한다. 또한 재산세가 비과세(도로, 하천 등)되거나 과세면제 및 경감되는 토지 등도 종합부동산세 과세에서 제외한다.

③ 세대의 범위

세대라 함은 주택 또는 토지의 소유자 및 그 배우자가 그들과 동일한 주소 또는 거소에서 생계를 같이하는 가족과 함께 구성하는 1세대를 말한다.

다음에 해당하는 경우에는 배우자가 없는 때에도 1세대로 본다.

① 30세 이상인 경우
② 배우자가 사망하거나 이혼한 경우
③「소득세법」 제4조에 따른 소득이 기준중위소득의 100분의 40 이상으로서 소유하고 있는 주택 또는 토지를 관리·유지하면서 독립된 생계를 유지할 수 있는 경우.

(1) 혼인함으로써 1세대를 구성하는 경우에는 혼인한 날로부터 10년 동안은 주택 또는 토지를 소유하는 자와 그 혼인한 자별로 각각 1세대로 본다.

(2) 동거봉양하기 위하여 합가함으로써 과세기준일 현재 60세 이상의 직계존속(한 사람이 60세 미만인 경우 포함)과 1세대를 구성하는 경우에는 합가한 날로부터 10년 동안(합가한 날 당시에는 60세 미만이었으나, 합가한 후 과세기준일 현재 60세에 도달하는 경우에는 합가한 날로부터 10년의 기간 중에서 60세 이상인 기간 동안) 주택 또는 토지를 소유하는 자와 그 합가한 자별로 각각 1세대로 본다.

④ 주택수 계산

(1) 다가구주택

다가구주택은 1구의 주택으로 보되, 종합부동산세법에 따른 합산배제임대주택으로 신고한 경우에는 1세대가 독립하여 구분 사용할 수 있도록 구획된 부분을 각각 1주택으로 본다.

(2) 공동소유주택

1주택을 여러 사람이 공동으로 소유한 경우 공동소유자 각자가 그 주택을 소유한 것으로 본다.

(3) 주택의 신축이나 증축 등의 경우

주택의 신축이나 증축 등으로 인하여 해당 연도의 과세표준합산주택에 대한 직전 연도 과세표준이 없는 경우에는 해당 연도 과세표준합산주택이 직전 연도 과세기준일 현재 존재하는 것으로 보아 세부담의 상한규정을 적용한다.

(4) 신탁주택의 경우

신탁법에 따른 수탁자 명으로 등기 또는 등록된 신탁재산으로서 주택의 경우에는 위탁자가 종합부동산세를 납부할 의무가 있다. 이 경우 위탁자가 신탁주택을 소유한 것으로 본다.

(5) 합산배제주택의 경우

법정요건을 충족한 합산배제임대주택 및 합산배제 사원용 주택 및 「근현대문화유산의 보존 및 활용에 관한 법률」에 따른 등록문화유산은 주택수에 포함하지 아니한다.

(6) 1주택과 다른 주택의 부속토지를 소유한 경우

1주택과 다른 주택의 부속토지를 소유한 경우에는 1세대 1주택자에 해당하며, 2주택의 부속토지만을 소유한 경우에는 1세대 1주택자에 해당하지 아니한다.

제2절 납세의무자 및 과세표준과 세율

① 납세의무자 및 과세표준

(1) 주택의 납세의무자 및 과세표준

납세의무자	과세표준
국내 소재하는 주택에 대한 재산세 납세의무 가 있는 자	**1. 개인** 납세의무자별로 국내 소재하는 주택의 공시가격을 합산한 금액에서 9억원(1세대 1주택 단독소유인 경우 12억원)을 공제한 금액에 공정시장가액비율(100분의 60)을 곱한 금액으로 한다. 다만, 그 금액이 '0'보다 작은 경우에는 '0'으로 본다. ① 일반적인 주택의 과세표준 $$\left(\text{납세의무자별 주택의 공시가격을 합산한 금액} - 9억원\right) \times \text{공정시장가액비율 (100분의 60)}$$ ② 1세대 1주택(단독소유)의 과세표준 $$\left(\text{납세의무자별 주택의 공시가격을 합산한 금액} - 12억원\right) \times \text{공정시장가액비율 (100분의 60)}$$ **2. 법인(법인으로 보는 단체 포함)** 납세의무자별로 국내 소재하는 주택의 공시가격을 합산한 금액에서 0원을 공제한 금액에 공정시장가액비율(100분의 60)을 곱한 금액으로 한다. 다만, 그 금액이 '0'보다 작은 경우에는 '0'으로 본다. $$\left(\text{납세의무자별 주택의 공시가격을 합산한 금액} - 0원\right) \times \text{공정시장가액비율 (100분의 60)}$$

다만, 다음 중 하나에 해당하는 주택은 주택분 종합부동산세 과세표준 합산의 대상이 되는 주택의 범위에 포함되지 아니하는 것으로 한다(= 합산배제주택).

1) 합산배제임대주택

「민간임대주택에 관한 특별법」에 따른 민간임대주택, 「공공주택 특별법」에 따른 공공임대주택 또는 대통령령으로 정하는 다가구 임대주택으로서 임대기간, 주택의 수, 가격, 규모 등을 고려하여 대통령령으로 정하는 주택

2) 기타 합산배제주택

① 종업원에게 무상이나 저가로 제공하는 사용자 소유의 주택으로서 국민주택규모 이하이거나 과세기준일 현재 공시가격이 6억원 이하인 주택

② 과세기준일 현재 사업자등록을 한 자가 건축하여 소유하는 주택으로서 미분양주택

③ 「근현대문화유산의 보존 및 활용에 관한 법률」에 따른 등록문화유산

④ 세대원이 과세기준일 현재 5년이상 계속하여 어린이집으로 운영하는 주택 등

(2) 토지의 납세의무자 및 과세표준

종합합산과세대상토지	납세의무자별로 국내 소재하는 재산세 종합합산과세대상토지의 공시가격을 합한 금액이 5억원을 초과하는 자	납세의무자별로 국내 소재하는 종합합산과세대상토지의 공시가격을 합한 금액에서 5억원을 공제한 금액에 공정시장가액비율(100분의 100)을 곱한 금액 다만, 그 금액이 '0'보다 작은 경우에는 '0'으로 본다. · 종합합산과세대상토지의 과세표준 = $\left[\begin{array}{l}\text{납세의무자} \\ \text{종합합산과세대상토지의 } - 5억원 \\ \text{공시가격을 합산한 금액}\end{array}\right] \times \begin{array}{l}\text{공정시장가액비율} \\ \text{(100분의 100)}\end{array}$
별도합산과세대상토지	납세의무자별로 국내 소재하는 재산세 별도합산과세대상토지의 공시가격을 합한 금액이 80억원을 초과하는 자	납세의무자별로 국내 소재하는 별도합산과세대상토지의 공시가격을 합한 금액에서 80억원을 공제한 금액에 공정시장가액비율(100분의 100)을 곱한 금액 다만, 그 금액이 '0'보다 작은 경우에는 '0'으로 본다. · 별도합산과세대상토지의 과세표준 = $\left[\begin{array}{l}\text{납세의무자별} \\ \text{별도합산과세대상토지의 } - 80억원 \\ \text{공시가격을 합산한 금액}\end{array}\right] \times \begin{array}{l}\text{공정시장가액비율} \\ \text{(100분의 100)}\end{array}$

❷ 종합부동산세의 세율 : 초과누진세율 적용

(1) 주택에 대한 세액

주택에 대한 종합부동산세는 다음과 같이 납세의무자가 소유한 주택 수에 따라 과세표준에 해당 세율을 적용하여 계산한 금액을 "주택분 종합부동산세액"으로 한다.

1) 개인

① 납세의무자가 2주택 이하를 소유한 경우

과세표준 크기에 1천분의 5(0.5%) ~ 1천분의 27(2.7%) 초과누진세율을 곱하여 주택분 산출세액을 계산한다.

과세표준	세 율
3억원 이하	과세표준의 1천분의 5
3억원 초과 6억원 이하	150만원 + (3억원 초과금액의 1천분의 7)
6억원 초과 12억원 이하	360만원 + (6억원 초과금액의 1천분의 10)
12억원 초과 25억원 이하	960만원 + (12억원 초과금액의 1천분의 13)
25억원 초과 50억원 이하	2천 650만원 + (25억원 초과금액의 1천의 15)
50억원 초과 94억원 이하	6천 400만원 + (50억원 초과금액의 1천분의 20)
94억원 초과	1억 5천 200만원 + (94억원 초과금액의 1천분의 27)

② 3주택 이상을 소유한 경우

과세표준 크기에 1천분의 5(0.5%) ~ 1천분의 50(5%) 초과누진세율을 곱하여 주택분 산출세액을 계산하되, 과세표준이 12억원을 초과하는 금액부터 중과세율을 적용한다.

과세표준	세 율
3억원 이하	과세표준의 1천분의 5
3억원 초과 6억원 이하	150만원 + (3억원 초과금액의 1천분의 7)
6억원 초과 12억원 이하	360만원 + (6억원 초과금액의 1천분의 10)
12억원 초과 25억원 이하	960만원 + (12억원 초과금액의 1천분의 20)
25억원 초과 50억원 이하	3천 560만원 + (25억원 초과금액의 1천의 30)
50억원 초과 94억원 이하	1억 1천 60만원 + (50억원 초과금액의 1천분의 40)
94억원 초과	2억 8천 660만원 + (94억원 초과금액의 1천분의 50)

2) 법인(법인으로 보는 단체를 포함하되 공익법인은 제외)

① 2주택 이하를 소유한 경우 : 1천분의 27(2.7%)

② 3주택 이상을 소유한 경우 : 1천분의 50(5%)

(2) 토지에 대한 세액

1) 종합합산과세대상 토지의 세액

과세표준 크기에 따라 종합합산과세대상토지의 과세표준에 1천분의 10(1%) ~ 1천분의 30(3%) 초과누진세율을 곱하여 산출세액을 계산한다.

과세표준	세 율
15억원 이하	과세표준의 1천분의 10
15억원 초과 45억원 이하	1천 500만원 + (15억원 초과금액의 1천분의 20)
45억원 초과	7천 500만원 + (45억원 초과금액의 1천분의 30)

2) 별도합산과세대상토지의 세액

과세표준 크기에 따라 별도합산과세대상토지의 과세표준에 1천분의 5(0.5%) ~ 1천분의 7(0.7%) 초과누진세율을 곱하여 산출세액을 계산한다.

과세표준	세 율
200억원 이하	과세표준의 1천분의 5
200억원 초과 400억원 이하	1억원 + (200억원 초과금액의 1천분의 6)
400억원 초과	2억 2천만원 + (400억원 초과금액의 1천분의 7)

❸ 재산세로 부과된 세액의 공제

(1) 주택분 과세표준금액에 대하여 해당 과세대상 주택의 주택분 재산세로 부과된 세액(지방세법에 따라 가감조정된 세율이 적용된 경우에는 그 세율이 적용된 세액, 지방세법에 따라 세부담 상한을 적용받는 경우에는 그 상한을 적용받은 세액을 말함)은 주택분 종합부동산세액에서 이를 공제한다.

(2) 종합합산과세대상인 토지의 과세표준금액에 대하여 해당 과세대상 토지의 토지분 재산세로 부과된 세액(지방세법에 따라 가감조정된 세율이 적용된 경우에는 그 세율이 적용된 세액, 지방세법에 따라 세부담 상한을 적용받는 경우에는 그 상한을 적용받은 세액을 말함)은 종합합산과세대상토지분 종합부동산세액에서 이를 공제한다.

(3) 별도합산과세대상인 토지의 과세표준금액에 대하여 해당 과세대상 토지의 토지분 재산세로 부과된 세액(지방세법에 따라 가감조정된 세율이 적용된 경우에는 그 세율이 적용된 세액, 지방세법에 따라 세부담상한을 적용받는 경우에는 그 상한을 적용받은 세액을 말함)은 별도합산과세대상토지분 종합부동산세액에서 이를 공제한다.

④ 세부담의 상한

(1) 주택

종합부동산세의 납세의무자가 해당 연도에 납부하여야 할 주택분 재산세액상당액과 주택분 종합부동산세액상당액의 합계액("주택에 대한 총세액상당액")으로 계산한 세액이 해당 납세의무자에게 직전년도에 해당 주택에 부과된 주택에 대한 총세액상당액으로 계산한 세액의 100분의 150을 초과하는 경우에는 그 초과하는 세액에 대해서는 이를 없는 것으로 본다. 다만, 납세의무자가 법인 또는 법인으로 보는 단체의 경우는 그러하지 아니하다.

(2) 토지

종합부동산세의 납세의무자가 토지에 대하여 해당 연도에 납부하여야 할 재산세액 상당액과 토지분 종합부동산세액 상당액의 합계액(토지에 대한 총세액상당액)으로서 계산한 세액이 해당 납세의무자에게 직전연도에 해당 토지에 부과된 토지에 대한 총세액상당액으로서 계산한 세액에 다음의 비율을 곱하여 계산한 금액을 초과하는 경우에는 그 초과하는 세액에 대하여는 이를 없는 것으로 본다.

① 종합합산과세대상토지 : 100분의 150
② 별도합산과세대상토지 : 100분의 150

⑤ 1세대 1주택자(세대원 중 1인이 단독으로 소유한 경우)의 주택분 종합부동산세액

1세대 1주택 단독소유자의 주택분 종합부동산세액은 주택분 산출세액에서 연령별 세액공제와 보유기간별 세액공제를 차감하여 납부세액을 산출한다. 이 경우 연령별 세액공제와 보유기간별 세액공제는 공제율 합계 100분의 80의 범위 내에서 중복하여 적용할 수 있다.

(1) 연령별 세액공제액(고령자 세액공제액)

과세기준일 현재 만 60세 이상인 1세대 1주택 단독소유자의 공제액은 주택분 산출된 세액에 다음의 연령별 공제율(20%, 30%, 40%)을 곱한 금액으로 한다.

연령	공제율
만 60세 이상 만 65세 미만	100분의 20
만 65세 이상 만 70세 미만	100분의 30
만 70세 이상	100분의 40

(2) 보유기간별 세액공제액(장기보유 세액공제)

1세대 1주택 단독소유자로서 해당 주택을 과세기준일 현재 5년 이상 보유한 자의 공제액은 주택분 산출된 세액에 다음의 보유기간별 공제율(20%, 40%, 50%)을 곱한 금액으로 한다.

보유기간	공제율
5년 이상 10년 미만	100분의 20
10년 이상 15년 미만	100분의 40
15년 이상	100분의 50

이때 보유기간은 당해 주택의 취득일로부터 해당 연도의 과세기준일까지로 한다. 다만, 배우자로부터 상속받은 주택에 대해서는 피상속인이 해당 주택을 취득한 날로부터 보유기간을 계산한다.

6 공동명의 1주택자의 납세의무 등에 관한 특례

① 과세기준일 현재 세대원 중 1인이 그 배우자와 공동으로 1주택을 소유하고 해당 세대원 및 다른 세대원이 다른 주택을 소유하지 아니한 경우로서 대통령령으로 정하는 경우 배우자와 공동으로 1주택을 소유한 자 또는 그 배우자 중 대통령령으로 정하는 자를 해당 1주택에 대한 납세의무자로 할 수 있다.

② 공동명의 1주택자의 납세의무 등에 관한 특례를 적용받으려는 납세의무자는 당해 연도 9월 16일부터 9월 30일까지 관할세무서장에게 신청하여야 한다.

③ 공동명의 1주택자의 납세의무 등에 관한 특례를 적용하는 경우에는 공동명의 1주택자를 1세대 1주택자로 보아 주택에 따른 과세표준과 세율 및 세액을 계산한다.

7 1세대 1주택의 범위

다음의 어느 하나에 해당하는 경우에는 1세대 1주택자로 본다. 이 경우 납세의무자는 해당 연도 9월 16일부터 9월 30일까지 관할세무서장에게 신청하여야 한다.

(1) 1세대 1주택자가 보유하고 있는 주택을 양도하기 전에 다른 1주택("신규주택")을 취득(자기가 건설하여 취득하는 경우를 포함)하여 2주택이 된 경우로서 과세기준일 현재 신규주택을 취득한 날부터 3년이 경과하지 않은 경우

(2) 상속을 원인으로 취득한 주택(조합원입주권 또는 분양권을 상속받아 사업시행 완료 후 취득한 신축주택을 포함한다)으로서 다음에 해당하는 주택

① 과세기준일 현재 상속개시일부터 5년이 경과하지 않은 주택

② 지분율이 100분의 40 이하인 주택

③ 지분율에 상당하는 공시가격이 6억원(수도권 밖의 지역에 소재하는 주택의 경우에는 3억원) 이하인 주택

(3) 지방 저가주택으로 수도권 밖의 지역(광역시 및 특별자치시가 아닌 지역)으로서 공시가격이 3억원 이하일 것

(4) 1주택(주택의 부속토지만을 소유한 경우에는 제외)과 다른 주택의 부속토지(주택의 건물과 부속토지의 소유자가 다른 경우의 그 부속토지를 말한다)를 함께 소유하고 있는 경우

〈종합부동산세 납세의무자 및 과세표준과 세율〉

과세대상		납세의무자	과세표준	세율	공제액	세부담 상한	과세제외
주택		국내 소재하는 주택에 대한 재산세 납세의무가 있는 자	공시가격을 합한 금액에서 9억원 (1세대 1주택 단독소유자는 12억원, 법인은 0원)을 공제한 금액에 공정시장가액 비율 (100분의 60) 을 곱한 금액	① 2주택이하 0.5% ~ 2.7% 초과 누진세율 (법인 : 2.7%) ② 3주택이상 0.5% ~ 5% 초과 누진세율 (법인 : 5%)	주택분 재산세로 부과된 세액 · 연령별 세액 공제액 · 보유 기간별 세액 공제액	전년 총세액의 100분의 150 (법인은 제외)	· 법정요건 갖춘 임대주택 · 사원용 주택 · 미분양 주택
토지	종합 합산 대상	국내 소재하는 해당 과세대상 토지의 공시가격을 합한 금액이 5억원을 초과하는 자	공시가격을 합한 금액에서 5억원 을 공제한 금액에 공정시장가액 비율 (100분의 100) 을 곱한 금액	1%~ 3% 초과 누진세율	종합 합산대상 토지분 재산세로 부과된 세액	전년 총세액의 100분의 150	· 분리과세 대상토지 · 비과세나 과세면제 대상토지
	별도 합산 대상	국내 소재하는 해당 과세대상 토지의 공시가격을 합한 금액이 80억원을 초과하는 자	공시가격을 합한 금액에서 80억원을 공제한 금액에 공정시장가액 비율 (100분의 100) 을 곱한 금액	0.5%~ 0.7% 초과 누진세율	별도 합산대상 토지분 재산세로 부과된 세액		

제3절 종합부동산세 부과 · 징수 등

❶ 종합부동산세 부과 · 징수

(1) 부과 · 징수

과세기준일	「지방세법」에 규정된 재산세의 과세기준일(매년 6월 1일)
납세지	· 개인 : 「소득세법」의 규정을 준용한 납세지(주소지 또는 거소지). · 법인 : 「법인세법」의 규정을 준용한 납세지(본점 또는 주사무소 소재지) · 비거주자인 개인 또는 외국법인으로서 국내사업장이 없고 국내원천소득이 발생하지 아니하는 주택 및 토지를 소유한 경우 : 그 주택 또는 토지의 소재지
〈원칙〉 정부 부과 · 징수	· 관할세무서장은 납부하여야 할 종합부동산세의 세액을 결정하여 해당 연도 12월 1일부터 12월 15일(납부기간)까지 부과 · 징수 · 주택 및 토지로 구분한 과세표준과 세액을 기재하여 납부기간 개시 5일 전까지 납세고지서 발급하여 부과 · 징수
〈선택〉 신고납부방식	· 해당 연도 12월 1일부터 12월 15일까지 신고하고 납부 · 무신고가산세는 없으나 과소신고시 과소신고가산세 적용

(2) 분할납부 등

다시 부과 징수가능	과세대상누락 · 위법 또는 착오 등으로 인하여 새로 부과할 필요가 있거나 이미 부과한 세액을 결정할 경우 다시 부과 · 징수할 수 있다.
물납	인정하지 않는다.
분할납부	납부세액이 250만원을 초과하는 경우 납부기한까지 신청하여 그 세액의 일부를 납부기한이 경과한 날부터 6개월 이내에 분납가능 ① 납부할 세액이 500만원 이하인 때 : 해당 세액에서 250만원을 차감한 금액 ② 납부할 세액이 500만원을 초과하는 때 : 해당 세액의 100분의 50 이하의 금액
부가세	농어촌특별세 : 납부세액의 100분의 20에 해당하는 금액

❷ 신탁주택관련 수탁자의 물적납세의무

신탁주택의 위탁자가 종합부동산세를 체납한 경우로서 그 위탁자의 다른 재산에 대하여 강제징수를 하여도 징수할 금액에 미치지 못할 때에는 해당 신탁주택의 수탁자는 그 신탁주택으로써 위탁자의 종합부동산세를 납부할 의무가 있다.

❸ 종합부동산세 납부유예제도

관할세무서장은 법정 요건을 모두 충족한 과세기준일 현재 1세대 1주택자(만 60세 이상이거나 해당 주택을 5년 이상 보유하고 있는 경우에 한함)로서 납세의무자가 주택분 종합부동산세액의 납부유예를 그 납부기한 만료 3일 전까지 신청하는 경우 이를 허가할 수 있다. 이 경우 납부유예를 신청한 납세의무자는 그 유예할 주택분 종합부동산세액에 상당하는 담보를 제공하여야 한다.

관할세무서장은 주택분 종합부동산세액의 납부가 유예된 납세의무자가 다음에 해당하는 경우에는 그 납부유예 허가를 취소하여야 한다.

① 해당 주택을 타인에게 양도하거나 증여하는 경우
② 사망하여 상속이 개시되는 경우
③ 담보의 변경 또는 그 밖에 담보 보전에 필요한 관할세무서장의 명령에 따르지 아니한 경우
④ 「국세징수법」 규정에 따라 그 납부유예와 관계되는 세액의 전액을 징수할 수 없다고 인정되는 경우
⑤ 납부유예된 세액을 납부하려는 경우

관할세무서장은 납부유예를 허가한 연도의 납부기한이 지난 날부터 징수할 세액의 고지일까지의 기간 동안에는 「국세기본법」 따른 납부지연가산세를 부과하지 아니한다.

❹ 기타

(1) 종합부동산세는 고액부동산 보유자에게 부동산의 가격안정을 도모하기 위하여 과세하는 보유세로서 부과·징수하는 국세이다.

(2) 세대별로 합산하지 않고 소유자별(법인은 법인별)로 국내 소재 공시가격으로 합한 금액이 과세기준금액을 초과하는 경우 납세의무가 있다.

(3) 재산세 비과세·과세면제 또는 경감에 관한 규정은 종합부동산세를 부과함에 있어서 이를 준용한다.

예제

1. 다음 중 종합부동산세법상 종합부동산세의 과세기준일 현재 과세대상에 해당하는 것은? (단, 과세대상에 해당하는 것은 과세기준금액을 초과하며, 주어진 조건 이외에는 고려하지 않는다)

① 회원제 골프장용 토지(회원제 골프장업의 등록시 구분등록의 대상이 되는 토지)
② 상업용 건축물(오피스텔 제외), 공장건축물
③ 지방세법에 따른 재산세가 과세면제 되거나 비과세되는 토지
④ 1990년 1월부터 소유하고 있는 수도법에 따른 상수원보호구역의 임야
⑤ 건축법 등 관계법령에 따라 허가 등을 받아야 할 건축물로서 허가 등을 받지 아니한 건축물의 부속토지

Solution ⑤

① 회원제 골프장건축물의 토지(회원제 골프장업의 등록시 구분등록의 대상이 되는 토지) 또는 고급오락장 건축물의 토지 : 분리과세대상토지에 해당하므로 과세 제외
② 상업용 건축물(오피스텔 제외). 공장건축물 등 주택 이외 모든 건축물 : 과세 제외
③ 지방세법에 따른 재산세가 과세면제 되거나 비과세되는 토지 : 과세 제외
④ 1990년 1월부터 소유하고 있는 수도법에 따른 상수원보호구역의 임야 : 분리과세대상토지에 해당하여 과세 제외
⑤ 건축법 등 관계법령에 따라 허가 등을 받아야 할 건축물로서 허가 등을 받지 아니한 건축물의 부속토지 : 종합합산과세대상토지로 과세대상에 해당

2. 종합부동산세법상 토지 및 주택에 대한 과세와 부과·징수에 관한 설명으로 틀린 것은?

① 종합합산과세대상인 토지에 대한 종합부동산세의 세액은 과세표준에 1천분의 10(1%) ~ 1천분의 30(3%)의 초과누진세율을 적용하여 계산한 금액으로 한다.
② 과세대상누락·위법 또는 착오 등으로 인하여 새로 부과할 필요가 있거나 이미 부과한 세액을 결정할 경우 다시 부과·징수할 수 있다.
③ 관할세무서장은 종합부동산세를 징수하려면 납부고지서에 주택 및 토지로 구분한 과세표준과 세액을 기재하여 납부기간 개시 5일 전까지 발급하여야 한다.
④ 과세표준 합산의 대상에 포함되지 않는 주택을 보유한 납세의무자는 해당 연도 10월 16일부터 10월 31일까지 관할세무서장에게 해당 주택의 보유현황을 신고하여야 한다.
⑤ 신고납부방식으로 하고자 하는 납세의무자는 종합부동산세의 과세표준과 세액을 해당 연도 12월 1일부터 12월 15일까지 관할세무서장에게 신고하여야 한다. 이 경우 관할 세무서장의 세액 결정은 없었던 것으로 본다.

Solution ④

과세준 합산의 대상에 포함되지 않는 주택을 보유한 납세의무자는 해당 연도 9월 16일부터 9월 30일까지 납세지관할세무서장에게 해당 주택의 보유현황을 신고하여야 한다.

3. 종합부동산세법령상 주택 및 토지에 대한 과세에 관한 설명으로 틀린 것은?

① 신탁법 제2조에 따른 수탁자의 명의로 등기된 신탁주택의 경우에는 위탁자가 종합부동산세를 납부할 의무가 있으며, 이 경우 위탁자가 신탁주택을 소유한 것으로 본다.

② 별도합산과세대상인 토지의 과세표준 금액에 대하여 해당 과세대상 토지의 토지분 재산세로 부과된 세액(지방세법에 따라 가감조정된 세율이 적용된 경우에는 그 세율이 적용전 세액, 같은 법에 따라 세부담 상한을 적용받은 경우에는 그 상한을 적용받기 전 세액을 말한다)은 토지분 별도합산세액에서 이를 공제한다.

③ 거주자 甲이 2024년부터 보유한 3주택(주택 수 계산에서 제외되는 주택은 없음) 중 2주택을 2025.6.17.에 양도하고 동시에 소유권이전등기를 한 경우, 甲의 2025년도 주택분 종합부동산세액은 3주택 이상을 소유한 경우의 세율을 적용하여 계산한다.

④ 신탁주택의 위탁자가 종합부동산세를 체납한 경우 그 위탁자의 다른 재산에 대하여 강제징수하여도 징수할 금액에 미치지 못할 때에는 해당 주택의 수탁자가 신탁주택으로 종합부동산세를 납부할 의무가 있다.

⑤ 종합합산과세대상인 토지에 대한 종합부동산세의 과세표준은 해당 토지의 공시가격을 합산한 금액에서 5억원을 공제한 금액에 100분의 100의 공정시장가액비율을 곱한 금액으로 한다. 다만, 그 금액이 '0'보다 작은 경우에는 '0'으로 본다.

Solution ②

② 별도합산과세대상인 토지의 과세표준 금액에 대하여 해당 과세대상 토지의 토지분 재산세로 부과된 세액(지방세법에 따라 가감조정된 세율이 적용된 경우에는 그 세율이 적용된 세액, 같은 법에 따라 세부담 상한을 적용받은 경우에는 그 상한을 적용받은 세액을 말한다)은 토지분 별도합산세액에서 이를 공제한다.

4. 종합부동산세법상 종합부동산에 관한 설명으로 틀린 것은?

① 주택에 대한 세부담 상한의 기준이 되는 직전 연도에 해당 주택에 부과된 주택에 대한 총세액상당액은 납세의무자가 해당 연도의 과세표준합산주택을 직전 연도 과세기준일에 실제로 소유하였는지의 여부를 불문하고 직전 연도 과세기준일 현재 소유한 것으로 보아 계산한다.

② 다가구주택은 1주택으로 보되, 합산배제임대주택으로 신고한 경우에는 1세대가 독립하여 구분 사용할 수 있도록 구획된 부분을 각각 1주택으로 본다.

③ 1세대 1주택자(세대구성원 중 단독소유에 해당함)에 해당하는 경우 연령별 세액공제와 보유기간별 세액공제는 중복하여 적용할 수 없다.

④ 혼인함으로써 1세대를 구성하는 경우에는 혼인한 날부터 10년 동안은 주택 또는 토지를 소유하는 자와 그 혼인한 자별로 각각 1세대로 본다.

⑤ 납세지관할세무서장은 종합부동산세로 납부하여야 할 세액이 250만원을 초과하는 경우에는 그 세액의 일부를 납부기한이 경과한 날부터 6개월 이내에 분납하게 할 수 있다.

Solution ③

주택분 종합부동산세 납세의무자가 1세대 1주택자에 해당하는 경우의 주택분 종합부동산세액 계산시 연령에 따른 세액공제(연령별세액공제)와 보유기간에 따른 세액공제(보유기간별세액공제)는 공제율 합계 100분의 80의 범위에서 중복하여 적용할 수 있다.

[중요 지문정리]

01. 종합부동산세법은 고액의 부동산보유자에 대하여 종합부동산세를 부과하여 부동산 보유에 대한 조세부담의 형평성을 제고하고, 부동산의 가격안정을 도모함으로써 지방재정의 균형발전과 국민경제의 건전한 발전에 이바지함을 목적으로 한다.

02. 과세기준일 현재 토지분 재산세의 납세의무자로서 국내에 소재하는 종합합산과세대상토지의 공시가격을 합한 금액이 5억원을 초과하는 자는 토지에 대한 종합부동산세의 납세의무자이다.

03. 과세기준일 현재 토지분 재산세의 납세의무자로서 국내에 소재하는 별도합산과세대상토지의 공시가격을 합한 금액이 80억원을 초과하는 자는 토지에 대한 종합부동산세의 납세의무자이다.

04. 주택 이외 모든 건축물(상가건축물, 공장건축물 등), 실제경작 개인소유농지 및 자연환경지구내 임야, 회원제 골프장 토지 등의 분리과세대상토지는 종합부동산세는 과세대상에서 제외한다.

05. 1주택을 여러 사람이 공동으로 소유한 경우 공동소유자 각자가 그 주택을 소유한 것으로 본다.

06. 개인의 주택에 대한 종합부동산세는 납세의무자가 소유한 주택 수에 따라 과세표준에 해당 세율(1천분의 5에서 1천분의 27까지 초과누진세율)을 적용하여 계산한 금액을 그 세액으로 한다. 특히 3주택 이상을 소유한 경우에는 과세표준 크기에 따른 1천분의 5(0.5%) ~

1천분의 50(5%)까지 초과누진세율을 적용한다.

07. 동거봉양하기 위하여 합가함으로써 과세기준일 현재 60세 이상의 직계존속(직계존속 중 어느 한 사람이 60세 미만인 경우를 포함)과 1세대를 구성하는 경우에는 합가한 날부터 10년 동안 주택 또는 토지를 소유하는 자와 그 합가한 자별로 각각 1세대로 본다.

08. 주택분 종합부동산세를 과세함에 있어서 종업원에게 무상이나 저가로 제공하는 사용자 소유의 주택으로서 국민주택규모 이하이거나 과세기준일 현재 공시가격이 6억원 이하인 주택, 과세표준 합산의 대상이 되는 주택의 범위에 포함하지 않는다.

09. 개인소유의 주택에 대한 종합부동산세의 과세표준은 납세의무자별로 주택의 공시가격을 합산한 금액에서 9억원을 공제한 금액(과세기준일 현재 세대원 중 1인이 해당 주택을 단독으로 소유한 경우로서 1세대 1주택자의 경우에는 그 합산한 금액에서 12억원을 공제한 금액)에 공정시장가액비율(100분의 60)을 곱한 금액으로 한다. 다만, 그 금액이 '0'보다 작은 경우에는 '0'으로 본다.

10. 대통령령으로 정하는 다가구 임대주택으로서 임대기간, 주택의 수, 가격, 규모 등을 고려하여 대통령령으로 정하는 주택은 과세표준 합산의 대상이 되는 주택의 범위에 포함되지 아니하는 것으로 본다.

11. 과세표준 합산의 대상에 포함되지 않는 주택을 보유한 납세의무자는 해당 연도 9월 16일부터 9월 30일까지 납세지관할세무서장에게 해당 주택의 보유현황을 신고하여야 한다.

12. 2주택을 소유하여 1천분의 27의 세율이 적용되는 법인의 경우 또는 3주택 이상을 소유하여 1천분의 50의 세율이 적용되는 법인의 경우 주택에 대한 종합부동산세의 과세표준은 납세의무자별로 주택의 공시가격을 합산한 금액에서 0원을 공제한 금액에 100분의 60을 곱한 금액으로 한다. 다만, 그 금액이 영보다 작은 경우에는 영으로 본다.

13. 1주택(주택의 부속토지만을 소유한 경우를 제외)과 다른 주택의 부속토지(주택의 건물과 부속토지의 소유자가 다른 경우의 그 부속토지)를 함께 소유하고 있는 경우에는 1세대 1주택자로 본다.

14. 1세대 1주택(단독으로 소유함)자 중 10년 이상 15년 미만 장기보유자에 대해서는 산출세액에서 100분의 40의 공제율을 곱한 금액(보유기간별 세액공제액)을 주택분 세액에서 이를 공제한다.

15. 주택분 종합부동산세 납세의무자가 1세대 1주택자에 해당하는 경우의 주택분 종합부동산세액은 산출된 세액에서 연령별 세액공제 또는 보유기간별 세액공제에 따른 1세대 1주택자에 대한 공제액을 공제한 금액으로 한다. 이 경우 연령별 세액공제와 보유기간별 세액공제는 공제율 합계 100분의 80의 범위에서 중복하여 적용할 수 있다.

16. 과세기준일 현재 세대원 중 1인이 그 배우자와 공동으로 1주택을 소유하고 해당 세대원 및 다른 세대원이 다른 주택을 소유하지 아니한 경우로서 배우자와 공동으로 1주택을 소유한 자 또는 그 배우자 중 대통령령으로 정하는 자("공동명의 1주택자")를 해당 1주택에

대한 납세의무자로 할 수 있다. 공동명의 1주택자의 납세의무 등에 관한 특례를 적용받으려는 납세의무자는 당해 연도 9월 16일부터 9월 30일까지 관할세무서장에게 신청하여야 한다.

17. 주택분 과세표준 금액에 대하여 해당 과세대상 주택의 주택분 재산세로 부과된 세액(재산세 표준세율에 100분의 50범위 안에서 가감조정된 세율이 적용된 경우에는 그 세율이 적용된 세액을 말하며, 재산세 세부담상한을 적용받은 경우에는 그 상한을 적용받은 세액을 말한다)은 주택분 종합부동산세액에서 이를 공제한다.

18. 1세대 1주택자란 소득세법에 따른 거주자를 말하므로 비거주자는 1세대 1주택자의 12억원 공제, 보유기간별 세액공제 및 연령별 세액공제 규정이 적용되지 아니한다.

19. 주택의 신축이나 증축 등으로 인하여 해당 연도의 과세표준 합산주택에 대한 직전 연도 과세표준이 없는 경우에는 해당 연도 과세표준 합산주택이 직전 연도 과세기준일 현재 존재하는 것으로 보아 세부담의 상한규정을 적용한다.

20. 신탁법에 따른 수탁자 명의로 등기 또는 등록된 신탁재산으로서 주택의 경우에는 위탁자가 종합부동산세를 납부할 의무가 있다. 이 경우 위탁자가 신탁주택을 소유한 것으로 본다.

21. 신탁주택의 위탁자가 종합부동산세를 체납한 경우로서 그 위탁자의 다른 재산에 대하여 강제징수를 하여도 징수할 금액에 미치지 못할 때에는 해당 신탁주택의 수탁자는 그 신탁주택으로써 위탁자의 종합부동산세를 납부할 의무가 있다.

22. 별도합산과세대상인 토지에 대한 종합부동산세의 과세표준은 해당 토지의 공시가격을 합산한 금액에서 80억원을 공제한 금액에 100분의 100의 공정시장가액비율을 곱한 금액으로 한다. 다만, 그 금액이 '0'보다 작은 경우에는 '0'으로 본다.

22. 주택에 대한 세부담상한을 적용함에 있어서 해당 연도에 납부하여야 할 주택에 대한 총세액상당액이 직전연도에 해당 주택에 부과된 주택에 대한 총세액상당액의 100분의 150에 해당하는 금액을 초과하는 경우에는 그 초과하는 세액에 대해서는 이를 없는 것으로 본다. 다만, 납세의무자가 법인 또는 법인으로 보는 단체에는 그러하지 아니한다.

23. 개인에 대한 종합부동산세 납세지는 소득세법을 준용(그 주소지로 한다. 다만, 주소지가 없는 경우에는 그 거소지)하고, 법인에 대한 종합부동산세 납세지는 법인세법을 준용(등기부상 본점 또는 주사무소 소재지 등)한다.

24. 비거주자인 개인 또는 외국법인으로서 국내사업장이 없고 국내원천소득이 발생하지 아니하는 주택 및 토지를 소유한 경우에는 그 주택 또는 토지의 소재지를 납세지로 한다.

25. 원칙적으로 납세지관할세무서장은 납부하여야 할 종합부동산세의 세액을 결정하여 해당 연도 12월 1일부터 12월 15일(납부기간)까지 부과·징수한다.

26. 관할세무서장이 종합부동산세를 징수하고자 하는 때에는 납세고지서에 주택 및 토지로 구분한 과세표준과 세액을 기재하여 납부기간 개시 5일 전까지 발부하여야 한다.

27. 선택에 따라 종합부동산세를 신고납부방식으로 납부하고자 하는 납세의무자는 종합부동산

세의 과세표준과 세액을 해당 연도 12월 1일부터 12월 15일까지 관할세무서장에게 신고하여야 한다. 이 경우 관할세무서장의 세액 결정은 없었던 것으로 본다.

28. 세무서장은 법정 요건을 모두 충족한 과세기준일 현재 1세대 1주택자(만 60세 이상이거나 해당 주택을 5년 이상 보유하고 있는 경우에 한함)로서 납세의무자가 주택분 종합부동산세액의 납부유예를 그 납부기한 만료 3일 전까지 신청하는 경우 이를 허가할 수 있다.

29. 종합부동산세는 주택 및 토지로 물납이 허용되지 아니한다. 다만, 납세지관할세무서장은 종합부동산세로 납부하여야 할 세액이 250만원을 초과하는 경우, 법령에 따라 그 세액의 일부를 납부기한이 경과한 날로부터 6개월 이내에 분납하게 할 수 있다.

30. 지방세특례제한법 또는 조세특례제한법에 의한 재산세의 비과세·과세면제 또는 경감에 관한 규정(감면규정)은 종합부동산세를 부과함에 있어서 이를 준용한다.

제2장 소득세 일반

제1절 소득세법 총설

❶ 소득세의 의의 및 특징

소득세는 자연인(개인)이 과세기간(원칙은 1월 1일~12월 31까지)동안 얻는 소득을 과세대상으로 하는 국세이며, 과세기간이 끝나는 때 납세의무가 성립되는 조세이다.

> ① 국세, 보통세, 직접세
> ② 개인별 과세원칙 : 세대별 합산과세(×), 부부별 합산과세(×)
> ③ 주소지 과세원칙
> ④ 열거주의 과세방법
> ⑤ 물납(×), 분할납부 가능(양도소득세 납부세액이 1천만원 초과, 2개월 이내))
> ⑥ 원칙 : 종합과세제도(종합소득세)
>   예외 : 분류과세
>   (퇴직소득과 양도소득은 종합소득에 합산하지 아니하고 별도로 구분 계산하여 과세)
> ⑦ 신고납세제도(무신고가산세 및 과소신가산세, 납부지연가산세 적용)

❷ 소득세 과세기간

원칙	매년 1월 1일부터 12월 31일까지	
예외	상속의 경우	1월 1일부터 사망일까지
	외국에 출국하는 경우	1월 1일부터 출국일까지

🗒️과세기간 중에 사업을 개시하거나 폐업을 하는 경우에도 원칙적으로 과세기간은 매년 1월 1일부터 12월 31일까지이다.

❸ 소득세 과세방법

(1) 종합과세

매년 반복적으로 발생하는 소득인 이자소득, 배당소득, 사업소득, 근로소득, 연금소득 및 기타소득은 통합하여 종합과세 한다.

(2) 분류과세

소득을 종합소득에 합산하지 않고 그 종류별로 구분하여 별도로 과세하는 방식으로 퇴직소득, 양도소득이 이에 속한다.

[소득의 구분과 과세방법]

(1) 종합소득	① 이자소득 ② 배당소득 ③ 사업소득(부동산임대업, 부동산매매업, 건설업 등 포함) ④ 근로소득 ⑤ 연금소득 ⑥ 기타소득	종합소득세 (종합과세)
(2) 퇴직소득		퇴직소득세
(3) 양도소득		양도소득세

제2절 소득세 납세의무

❶ 납세의무성립시기

소득세는 과세기간이 끝나는 때에 납세의무가 성립한다. 단, 예정신고 납부하는 소득세는 그 과세표준이 되는 금액이 발생한 달의 말일에 납세의무가 성립하며, 중간예납 하는 소득세는 중간예납기간이 끝나는 때에 납세의무가 성립한다.

❷ 납세의무자와 납세지

구 분	거주자	비거주자
개념	국내에 주소를 두거나 183일 이상 국내에서 거소를 한 자	거주자가 아닌 개인
납세의무의 범위	국내소득과 국외소득에 대하여 모든 소득에 대하여 과세(무제한 납세의무자) 단, 국외자산 양도소득세는 국외자산 양도일 현재 계속하여 5년 이상 국내에서 주소나 거소를 한 자만 납세의무가 있다.	국내원천소득에 대해서만 과세(제한 납세의무자) 따라서 국외자산 양도에 따른 양도소득세는 납세의무가 없다.
납세지	주소지 또는 거소지	국내사업장 소재지

제3장 양도소득세

제1절 양도소득세의 의의 및 특징, 과세대상

❶ 양도소득세의 의의

개인이 비사업적(일시적, 우발적, 비경상적, 비반복적)으로 부동산 등의 열거된 특정자산이나 권리를 유상으로 양도함으로 인하여 발생한 소득(양도소득)에 대한 개인의 소득세를 말한다. 다만, 부동산매매업이나 주택신축판매업의 부동산매매나 주택신축판매로 인한 소득은 사업소득(종합소득세 과세)으로 구성한다.

❷ 양도소득세 특징

① 분류과세(종합소득에 합산하지 않고 별도로 구분계산 하여 과세)
② 우발적 및 비경상적 유상양도(비사업적 유상양도)
③ 원칙 : 신고납세제도
　 예외 : 정부부과과세(신고납부의무를 다하지 않은 경우)
④ 가산세 적용(무신고가산세 및 과소신고가산세, 납부지연가산세)
⑤ 사실상 유상이전에 대하여 과세(형식상 이전 ×, 증여 등 무상이전 ×)
⑥ 물납(×), 분할납부(1천만원 초과시 2개월 이내)는 가능
⑦ 예정신고납부(부동산의 경우 양도일이 속하는 달의 말일로부터 2개월 이내)
　 확정신고납부(양도일이 속하는 당해 연도의 다음연도 5월 31일까지)
⑧ 개인별(거주자별)과세
⑨ 수정신고○(결정 또는 경정하여 통지전까지)
　 기한후신고○(결정하여 통지전까지)

③ 양도소득세 과세대상 : 열거주의

(1) 부동산(미등기를 포함)

① 토지

② 건물(시설물 및 구축물 포함)

(2) 부동산에 관한 권리

1) 지상권(미등기포함), 전세권(미등기포함), 등기된 부동산임차권

2) 부동산을 취득할 수 있는 권리

① 건물이 완성되는 때에 그 건물과 이에 딸린 토지를 취득할 수 있는 권리(분양권, 조합원입주권 등)

② 지방자치단체나 토지주택공사가 발행하는 토지상환채권 및 주택상환채권

③ 부동산매매계약을 체결한 자가 계약금만 지급한 상태에서 양도하는 권리(전매권) 등

(3) 주식 등의 양도로 발생하는 소득

① 주권상장법인의 주식 등으로서 다음에 해당하는 주식 등

  ㉠ 주권상장법인의 대주주가 양도하는 주식 등

  ㉡ 대주주에 해당하지 아니하는 자가 증권시장에서의 거래에 의하지 아니하고 양도하는 주식 등

② 주권비상장법인의 주식 등

③ 외국법인이 발행하였거나 외국에 있는 시장에 상장된 주식 등

(4) 기타자산

① **특정주식** : 과점주주의 부동산과다보유법인의 주식

② **특정법인주식** : 골프장업 등 특수업종을 영위하는 부동산과다보유법인의 주식

③ 사업에 사용하는 토지·건물 및 부동산에 관한 권리와 함께 양도하는 영업권

(영업권을 별도로 평가하지 아니하였으나 사회통념상 자산에 포함되어 함께 양도된 것으로 인정되는 영업권과 행정관청으로부터 인가·허가·면허 등을 받음으로써 얻는 경제적 이익을 포함한다)

  ☑ 다만, 영업권만 분리하여 단독으로 양도하는 경우 : 기타소득

④ 특정 시설물 이용권·회원권 및 특정 시설물을 이용할 수 있는 권리가 부여된 주식 (골프회원권, 콘도미니엄회원권, 헬스클럽이용권 등의 모든 이용권 및 회원권)

⑤ 토지·건물과 함께 양도하는 이축을 할 수 있는 권리(이축권)

> 📝 다만, 해당 이축권의 가액을 대통령령으로 정하는 방법에 따라 별도로 평가하여 신고하는 경우에는 기타소득에 해당한다.

(5) 파생상품 등의 거래 또는 행위로 발생하는 소득

(6) 신탁의 이익을 받을 권리(신탁수익권)

◆ 양도소득세 과세대상이 아닌 주요항목 ◆

① 등기되지 아니한 부동산임차권
② 특허권, 광업권·어업권 등의 무체재산권
③ 영업권만 단독으로 분리하여 양도
④ 지역권
⑤ 이축권의 가액을 별도로 평가하여 신고하는 경우
⑥ 토지개발채권, 국민주택채권
⑦ 사업용 기계장치, 선박, 차량 등

제2절 양도의 여부

❶ 양도의 의의

양도란 등기 또는 등록에 관계없이 매도, 교환, 법인에 대한 현물출자, 대물변제, 부담부증여, 수용, 공매, 경매(임의경매 포함) 등으로 그 자산이 유상으로 사실상 이전되는 것을 말한다.

❷ 유상양도로 보는 경우 : 양도소득세가 과세되는 경우

(1) 매도

공매, 경매(임의경매 포함), 대금분할 지급부(할부) 매매를 포함

(2) 교환

부동산의 교환시 쌍방 모두에게 양도소득세와 취득세가 과세

(3) 현물출자

법인이나 조합 등에 현물출자(단, 자기개인사업체에 현물출자는 과세제외)

(4) 대물변제

① 이혼에 따른 위자료에 갈음하여 부동산 등 과세대상자산의 소유권을 이전하는 경우

② 조세의 물납 📌 재산세의 부동산 물납

③ 손해배상에 있어서 당사간의 합의에 의하거나 법원의 확정판결에 의하여 위자료를 지급하기로 하고 동 위자료지급에 갈음하여 당사자일방이 소유하고 있던 부동산 등을 대물변제한 경우

(5) 부담부증여

증여재산가액 중 그 채무인수상당액에 상당하는 부분은 유상양도에 해당하여 증여자에게 양도소득세가 과세되고, 이외의 부분은 증여로 수증자에게 증여세가 과세한다. 예를 들어 증여자가 취득당시 가액이 4억원인 부동산을 부담부증여로써 증여당시가액 5억원 중 채무인수상당액이 3억원인 경우 다음과 같이 양도가액과 취득가액을 결정한다.

$$\cdot \text{양도가액} : \text{양도자산의 평가한 양도가액 } 5억원 \times \frac{\text{채무액 } 3억원}{\text{증여당시 가액 } 5억원} = 3억원$$

$$\cdot \text{취득가액} : \text{양도자산의 취득당시 가액 } 4억원 \times \frac{\text{채무액 } 3억원}{\text{증여당시 가액 } 5억원} = 2억 4천만원$$

단, 배우자간 또는 직계존비속간의 부담부증여는 전액 증여로 추정한다.

(6) 공용수용 : 법률에 의한 수용

(7) 기타 양도로 보는 경우

① 임의경매절차에 의해 부동산의 소유권이 사실상 유상으로 이전된 경우

② 채무담보목적으로 부동산을 가등기한 후 채무불이행으로 본등기를 이행한 경우

❸ **유상양도로 보지 않는 경우** : 즉, 양도소득세가 과세되지 않은 경우

(1) 상속이나 증여 등의 무상으로 이전 : 상속세나 증여세 과세

(2) 배우자나 직계존비속에게 재산 양도 등으로 증여추정 : 증여세 과세

단, 공매, 경매, 파산선고의 처분이나 대가를 지급받고 양도한 사실이 객관적으로 입증(등기나 등록을 필요로 하는 부동산 등을 교환하는 경우 포함)되는 경우에는 증여추정이 아닌 양도로 본다.

(3) 토지의 환지처분과 보류지 충당 : 환지처분으로 지목이나 지번이 변경되거나 보류지 충당

단, 환지받은 토지를 양도하거나 충당된 보류지를 매각하는 경우에는 양도에 해당

(4) 공유물의 단순분할(지분변경 없이 재분할 포함) : 지분변경 없이 분할 또는 재분할

(5) 양도담보(담보의 제공) : 양도담보요건을 갖춘 경우

다만, 양도담보계약을 체결한 후 양도담보요건에 위배하거나 채무불이행으로 인하여 당해 자산을 변제에 충당된 때에는 그때에 양도한 것으로 본다.

(6) 판결 등에 의한 매매원인무효의 소에 의한 소유권환원

(7) 신탁재산의 신탁해지로 인한 소유권환원(법원의 확정판결로 인한 신탁해지로 인한 소유권환원 포함)

(8) 이혼시 혼인중에 형성된 부부공동재산을 「민법」상 재산분할청구에 의한 부동산 등의 재산분할로 소유권이전

(9) 기타

① 매매계약체결 후 잔금청산전에 매매계약의 해제로 원소유자에게 소유권을 환원한 경우. 다만, 매매계약체결 후 잔금을 청산 후에 매매계약의 해제로 원소유자에게 소유권을 환원한 경우에는 또다른 양도로 본다.

② 소유자산을 공매·경매로 자기가 재취득하는 경우 등

예제

다음 중 소득세법령상 양도소득세 과세대상에 해당하는 것으로만 올바르게 묶은 것은?(단, 양도차익이 발생한 것으로 가정한다)

(1) 법원의 확정판결에 따른 손해배상의 위자료지급에 갈음하여 소유하고 있던 부동산으로 대물변제한 경우

(2) 광업권, 어업권 및 기타 특허권 등 무체재산권을 양도하는 경우

(3) 도시개발법에 따른 환지처분으로 지번이나 지목의 변경 및 소유하던 토지가 보류지로 충당되는 경우

(4) 사업에 사용하는 토지, 건물 및 부동산에 관한 권리와 함께 양도하는 영업권의 경우

(5) 양도담보계약을 체결한 후 양도담보요건에 위배하거나 채무불이행으로 인하여 당해 자산을 변제에 충당된 경우

(6) 민법상 이혼시 혼인중에 형성된 부부공동재산의 재산분할청구권의 행사로 인한 양도소득세 과세대상의 재산분할로 소유권이전의 경우

(7) 법원의 확정판결로 인한 신탁해지로 인한 소유권이 환원되는 경우

① (1), (4), (5)
② (2), (4), (6), (7)
③ (1), (3), (4), (5), (7)
④ (2), (3), (6), (7)
⑤ (1), (2), (5), (6), (7)

Solution ①

(2) 광업권, 어업권 및 특허권 등 무체재산권 : 양도소득세 과대상이 아니다.
(3) 환지처분으로 토지의 지번이나 지목의 변경 및 소유하던 토지가 보류지로 충당,
(6) 혼인중에 형성된 부부재산을 민법상 이혼시 재산분할로 인한 소유권 이전,
(7) 법원의 확정판결로 인한 신탁해지로 인한 소유권 환원은 양도에 해당하지 아니한다.

제3절 소득세법령상 양도시기 및 취득시기

1 매매 등의 일반적인 경우

(1) 원칙

대금청산일(실지로 잔금을 주고 받은 날)

단, 자산의 대금에는 해당 자산의 양도에 대한 양도소득세 및 양도소득세의 부가세액을 양수자가 부담하기로 약정한 경우에는 해당 양도소득세 및 양도소득세의 부가세액은 제외한다.

(2) 예외

다음의 경우에는 등기부·등록부 또는 명부 등에 기재된 등기·등록접수일 또는 명의개서일

① 대금청산일이 분명하지 않은 경우

② 대금청산일 전에 소유권이전등기 또는 등록을 한 경우

2 특수한 경우

장기할부조건의 경우	소유권이전등기접수일 · 인도일 또는 사용수익일 중 빠른 날
자기가 건설한 건축물	① 건축허가를 받은 경우 : 사용승인서 교부일. 다만, 사용승인서 교부일 전에 사실상 사용하거나 임시사용승인을 받은 경우에는 그 사실상의 사용일 또는 임시사용승인을 받은 날 중 빠른 날 ② 건축허가를 받지 아니한 경우 : 사실상의 사용일
상속받은 경우	상속이 개시된 날
증여받은 경우	증여를 받은 날
「민법」상 점유취득의 경우	점유를 개시한 날
대금청산일까지 미완성 또는 미확정의 경우	당해 목적물이 완성 또는 확정된 날

환지처분으로 취득한 자산	원칙은 환지 전의 토지의 취득일 다만, 교부받은 토지의 면적이 환지처분에 의한 권리면적보다 증가 또는 감소된 경우에는 그 증가 또는 감소된 면적의 토지는 환지처분의 공고가 있은 날의 다음날
법원무효판결로 소유권환원	당초의 취득일
수용되는 부동산	대금청산일·등기접수일 또는 수용개시일 중 빠른 날 다만, 소유권에 관한 소송으로 보상금이 공탁된 경우에는 소유권 관련 소송판결확정일로 한다.
재개발·재건축의 경우	재개발·재건축 전 부동산의 취득일
경락에 의하여 취득의 경우	경매대금을 완납한 날
잔금을 어음으로 받은 경우	어음의 결제일
양도한 자산의 취득시기가 분명하지 아니한 경우	먼저 취득한 자산을 먼저 양도한 것으로 본다.

❸ 취득시기의 의제

(1) 토지·건물 및 부동산에 관한 권리와 기타자산

1984년 12월 31일 이전에 취득한 것은 1985년 1월 1일에 취득한 것으로 본다.

(2) 주식 및 출자지분

1985년 12월 31일 이전에 취득한 것은 1986년 1월 1일에 취득한 것으로 본다.

예제

소득세법령상 양도차익을 계산함에 있어서 취득시기 또는 양도시기로 틀린 것은?

① 부동산의 소유권이 타인에게 이전되었다가 법원의 무효판결에 의하여 당해 자산의 소유권이 환원되는 경우 : 법원의 확정판결일

②「민법」제245조제1항의 규정에 의하여 부동산의 소유권을 취득하는 경우에는 : 당해 부동산의 점유를 개시한 날

③ 대금을 청산하기 전에 소유권이전등기를 하거나 대금을 청산한 날이 분명하지 아니한 경우 : 등기부에 기재된 등기접수일 또는 등록접수일

④ 완성 또는 확정되지 않은 자산을 양도 또는 취득한 경우로서 대금청산일까지 그 목적물이 완성·확정되지 않은 경우 : 그 목적물이 완성·확정된 날

⑤「공익사업을 위한 토지 등의 취득 및 보상에 관한 법률」에 따라 공익사업을 위하여 수용되는 경우 : 대금청산한 날, 수용개시일 날 또는 등기접수일 중 빠른 날

Solution ①

부동산의 소유권이 타인에게 이전되었다가 법원의 무효판결에 의하여 당해 자산의 소유권이 환원되는 경우에는 해당 자산의 당초의 취득일을 취득시기 또는 양도시기로 한다.

소득세법령상 매매 등의 일반적인 경우로 자산의 양도차익을 계산할 때 그 취득시기 또는 양도시기는 해당 자산의 대금을 청산한 날로 한다. 다만, 대금을 청산한 날이 분명하지 아니한 경우 또는 대금을 청산하기 전에 소유권이전등기나 등록을 하는 경우에는 등기부에 기재된 등기접수일 또는 등록접수일을 취득시기 또는 양도시기로 한다. 그리고 민법 제245조 제1항의 규정에 의하여 부동산의 소유권을 취득하는 경우에는 당해 부동산의 점유를 개시한 날을 취득시기로 한다.

제4절 | 양도소득세 과세표준 및 산출세액의 계산

양도소득세 납부세액(또는 △환급세액)은 다음과 같이 계산한다.

① 양도가액 – 필요경비 = 양도차익

② 양도차익 – 장기보유특별공제액 = 양도소득금액

③ 양도소득금액 – 양도소득기본공제 = 양도소득 과세표준

④ 양도소득 과세표준 × 양도소득세율 = 양도소득 산출세액

⑤ 양도소득 산출세액 – 감면세액 – 공제세액 = 양도소득 결정세액

⑥ 양도소득 결정세액 + 가산세 = 양도소득 총결정세액

⑦ 양도소득 총결정세액 – 기납부세액(예정신고산출세액 등) – 수시부과세액 = 납부세액(△환급세액)

〈양도소득세 과세표준 및 산출세액 계산구조〉

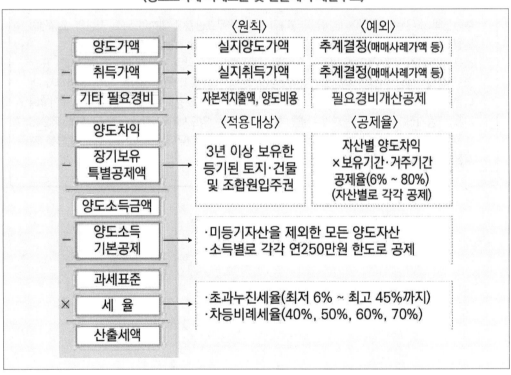

❶ 양도차익 계산

양도차익을 계산할 때 양도가액을 실지거래가액에 따를 때에는 취득가액도 실지거래가액에 따르고, 양도가액을 기준시가에 따를 때에는 취득가액도 기준시가에 따른다. 다만, 양도가액 또는 취득가액을 실지거래가액에 따라 정하는 경우로서 장부나 그 밖의 증명서류에 의하여 해당 자산의 양도 또는 취득당시의 실지거래가액을 인정 또는 확인할 수 없는 경우에는 양도가액 또는 취득가액을 매매사례가액, 감정가액, 환산가액 또는 기준시가에 의하여 추계조사하여 결정 또는 경정할 수 있다. 이때의 환산가액은 양도가액의 추계시는 적용하지 아니하고 취득가액의 추계시에만 적용한다.

(1) 원 칙 : 실지거래가액에 의한 경우 양도차익

양도가액과 취득가액 등의 필요경비는 양도자와 양수자간에 실지로 거래한 가액으로 한다. 다만, 특수관계인과의 거래에 있어서 시가를 초과하여 취득하거나 시가에 미달하게 양도함으로써 조세의 부담을 부당히 감소시킨 것으로 인정되는 때에는 그 취득가액 또는 양도가액을 시가에 의하여 계산한다.

1) 실지양도가액

그 자산의 양도당시의 양도자와 양수자간에 실지로 거래한 가액
(단, 특수관계인과 부당행위계산규정에 의한 시가미달의 경우에는 시가)

2) 실지필요경비

① 실지취득가액계산

취득에 소요된 실지거래가액이란 다음의 금액을 합한 금액

㉠ 매입가액 또는 건설가액에 취득세·등록면허세 기타 취득부대비용을 가산한 금액 등 취득원가에 상당한 가액. 이 경우 현재가치할인차금을 포함하되 특수관계인과의 부당행위계산에 의한 시가초과액은 제외한다.

㉡ 당사자 약정에 의한 대금지급방법에 따라 취득원가에 이자상당액을 가산하여 거래가액을 확정하는 경우 당해 이자상당액.
다만, 당초 약정에 의한 거래가액의 지급기일의 지연으로 인하여 추가로 발생하는 이자상당액은 필요경비인 취득원가에 포함하지 아니한다.

㉢ 양도자산의 보유기간 중에 그 자산에 대한 감가상각비로서 각 연도의 사업소득금액 계산시 필요경비로 산입하였거나 산입할 금액의 있는 경우에는 이를 필요경비인 취득가액에서 공제한다.

② 기타필요경비 계산

기타필요경비는 자본적 지출액 등과 양도비용의 합계액으로 한다.

㉠ 자본적 지출액 등

다음과 같은 자본적 지출액에 해당하는 것으로서 그 지출에 관한 법률에 따른 증명서류를 수취·보관하거나 실제 지출 사실이 금융거래 증명서류에 의하여 확인되는 경우를 말한다.

> · 취득 후 자산의 가치를 실질적으로 증가시키는 지출액(예, 확장공사비 등)
> · 양도자산을 취득한 후 쟁송이 있는 경우에 그 소유권을 확보하기 위하여 직접 소요된 소송비용·화해비용 등의 금액으로서 그 지출한 연도의 각 소득금액의 계산에 있어서 필요경비에 산입된 것을 제외한 금액
> · 양도자산의 용도변경·개량 또는 이용편의를 위하여 지출한 비용
> · 법률에 따른 양도자가 부담하는 개발부담금이나 재건축부담금 등

㉡ 양도비용

양도하기 위하여 직접 지출한 비용인 신고서 작성비 등 다음의 비용으로 그 지출에 관한 법률에 따른 증명서류를 수취·보관하거나 실제 지출 사실이 금융거래 증명서류에 의하여 확인되는 경우를 말한다.

> · 증권거래세법에 따라 납부한 증권거래세
> · 양도소득세 과세표준 신고서 작성비용 및 계약서 작성비용
> · 공증비용, 인지대, 소개비
> · 매매계약에 따른 인도의무를 이행하기 위하여 양도자가 지출하는 명도비용
> · 매입한 국민주택채권 및 토지개발채권을 만기 전에 양도함으로써 발생하는 매각차손 단, 금융기관 외의 자에게 양도한 경우에는 동일한 날에 금융기관에 양도하였을 경우 발생하는 매각차손을 한도로 한다.

‖ 실지거래가액 적용시 필요경비에 산입할 수 없는 항목 ‖

> · 당초 약정에 의한 거래가액의 지급기일의 지연으로 인하여 추가로 발생하는 이자 상당액
> · 취득대금에 필요한 대출금의 이자
> · 간접양도비용(이사비용 등)
> · 수익적 지출액 : 원상회복하거나 능률유지를 위한 수선유지비 등

· 지출한 연도의 다른 소득금액(사업소득금액 등)의 계산에 있어서 필요경비에 산입
  하였거나 산입할 금액
· 기납부한 상속세 및 증여로 인하여 기납부한 증여세
· 보유관련하여 부담한 재산세 등

(2) 추계결정에 의하는 경우 양도차익

1) 양도가액 : 양도당시의 추계금액

> 🖋 양도가액을 추계금액에 의할 때에는 매매사례가액 ⇨ 감정가액 ⇨ 기준시가의 순차적 적용

2) 취득가액 : 취득당시의 추계금액

> 🖋 취득가액을 추계금액에 의할 때에는 매매사례가액 ⇨ 감정가액 ⇨ 환산취득가액 ⇨ 기준시가의
> 순차적 적용

‖ **추계금액인 매매사례가액 등** ‖

(1) **매매사례가액** : 양도일 또는 취득일 전후 각 3개월 이내에 해당 자산과 동일성 또는
유사성이 있는 자산의 매매사례가 있는 경우 그 가액
(2) **감정가액** : 양도일 또는 취득일 전후 각 3개월 이내에 당해 자산에 대하여 2이상의
감정평가법인 등이 평가한 것으로서 신빙성이 있는 것으로 인정되는 감정가액이 있는
경우에는 그 감정가액의 평균액
(3) **환산취득가액** : 양도가액은 적용되지 않고 취득가액에만 적용된다.

$$\text{양도당시의 실지거래가액, 매매사례가액, 감정가액} \times \frac{\text{취득당시의 기준시가}}{\text{양도당시의 기준시가}}$$

(4) **기준시가** : 기준이 되는 금액으로 정부가 결정한 가액
  ① **토지** : 원칙은 개별공시지가
    개별공시지가가 없는 경우에는 납세지관할세무서장이 평가한 가액, 예외로 국세청
    장이 지정하는 지정지역의 토지는 개별공시지가에 배율을 곱한 금액(배율방법)
  ② **주택** : 법률에 의한 공시된 가액인 개별주택가격 및 공동주택가격
    다만, 공동주택가격의 경우에 국세청장이 결정·고시한 공동주택가격이 있을 때에
    는 그 가격에 따르고, 개별주택가격 및 공동주택가격이 없는 주택의 가격은 납세
    지 관할 세무서장이 인근 유사주택의 개별주택가격 및 공동주택가격을 고려하여
    평가한 금액으로 한다.
  ③ **건물** : 일반건물은 신축가격 등을 고려하여 매년 1회 이상 국세청장이 산정·고시
    하는 가액이고, 오피스텔 및 상업용 건물은 건물의 종류나 규모 등을 고려하여 매
    년 1회 이상 국세청장이 토지와 건물에 대하여 일괄하여 산정·고시하는 가액

④ 부동산을 취득할 수 있는 권리 : 취득일 또는 양도일까지 불입한 금액 또는 납입한 금액과 프리미엄에 상당하는 금액을 합한 금액
⑤ 지상권·전세권 및 등기된 부동산임차권 : 상속세 및 증여세법의 규정을 준용하여 평가한 가액

3) 기타필요경비

취득가액을 추계금액(매매사례가액, 감정가액 또는 환산가액)으로 하거나 기준시가로 하는 경우 기타필요경비는 다음과 같이 필요경비개산공제를 적용한다.

『필요경비개산공제액』

구 분			필요경비개산공제액
(1) 부동산	① 토 지		취득당시 개별공시지가 × 100분의 3 (미등기 1천분의 3)
	② 건 물	일반건물	취득당시 국세청장 산정·고시한 가액 × 100분의 3 (미등기 1천분의 3)
		오피스텔, 상업용 건물	취득당시 국세청장 일괄 산정·고시한 가액 ×100분의 3 (미등기 1천분의 3)
	③ 주 택		취득당시 개별주택가격 또는 공동주택가격 ×100분의 3 (미등기 1천분의 3)
(2) 지상권, 전세권, 등기된 부동산임차권			취득당시 기준시가 × 100분의 7 (미등기양도자산은 제외)
(3) 부동산을 취득할 수 있는 권리 (4) 기타자산			취득당시 기준시가 × 100분의 1

(3) 취득가액이 환산가액인 경우 세부담의 최소화

양도차익 계산시 추계방법에 의한 취득가액을 환산가액으로 하는 경우로서
① (환산가액 + 필요경비개산공제액)이 ② (자본적 지출액 + 양도비용)의 금액보다 적은 경우에는 ② (자본적 지출액 + 양도비용)의 금액을 필요경비로 할 수 있다. 이를 양도소득세 부담의 최소화라 한다.
이 경우 양도소득세 부담의 최소화를 위하여 다음의 금액을 필요경비로 할 수 있다.

필요경비 = 큰 금액 [① (환산가액 + 필요경비개산공제액), ② (자본적 지출액 + 양도비용)]

🔘 예를 들어 양도소득세 부담의 최소화를 위해서

① 306,000,000원(=환산취득가액 300,000,000원 + 필요경비개산공제액 6,000,000원)과 ② 325,000,000원(=자본적 지출액 320,000,000원 + 양도비용 5,000,000원) 중에서 큰 금액인 자본적 지출액과 양도비용 합계액인 325,000,000원을 양도가액에 공제하는 필요경비로 할 수 있다.

예제

소득세법령에 따른 실지거래가액으로 양도차익을 계산하는 경우 필요경비에 대한 설명이다. 틀린 것은?

① 필요경비를 계산할 때 양도자산 보유기간에 그 자산에 대한 감가상각비로서 각 과세기간의 사업소득금액을 계산하는 경우 필요경비에 산입하였거나 산입할 금액이 있을 때에는 이를 실지거래 취득가격에서 공제한 금액을 그 취득가액으로 한다.

② 소득세법상의 특수관계인과의 거래에 따른 부당행위계산부인규정에 의한 시가초과액은 필요경비인 취득가액에 포함되지 않는다.

③ 자산의 양도에 따른 매매계약서 작성시 납부한 인지세, 계약서 작성비, 공증비용, 신고서 작성비 등은 필요경비인 양도비용에 해당한다.

④ 거주자가 증여받은 자산을 양도하는 경우에 거주자가 증여받은 자산에 대하여 납부하였거나 납부할 증여세 상당액이 있는 경우에는 원칙적으로 필요경비에 산입한다.

⑤ 당사자 약정에 의한 대금지급방법에 따라 취득원가에 이자상당액을 가산하여 거래가액을 확정하는 경우 당해 이자상당액은 취득원가에 포함한다.

Solution ④

상속 또는 증여받은 자산에 대하여 양도차익을 계산할 때 양도가액에서 공제할 취득가액 규정을 적용함에 있어서 상속개시일 또는 증여일 현재 상속세 및 증여세법에 의하여 평가한 가액을 취득당시의 실지거래가액으로 본다. 그리고 거주자가 증여받은 자산을 양도하는 경우에 거주자가 증여받은 자산에 대하여 납부하였거나 납부할 증여세 상당액 또는 상속의 경우 상속세 상당액이 있는 경우에는 원칙적으로 필요경비에 산입하지 아니한다.

2 양도소득금액의 계산

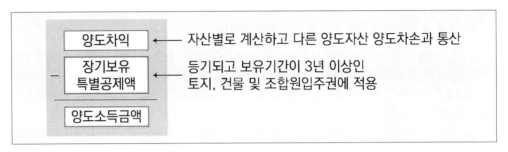

(1) 장기보유특별공제

취지	세 부담의 경감과 과중한 세 부담으로 인한 부동산시장의 동결효과를 방지
적용대상	등기되고 보유기간이 3년 이상인 토지(비사업용토지 포함)·건물 및 조합원입주권
적용방법	자산별 양도차익×보유기간 및 거주기간별 공제율*
보유기간	① 일반적인 경우 : 취득일로부터 그 자산의 양도일까지(비사업용토지 포함) ② 배우자 및 직계존비속간의 증여재산에 대한 이월과세의 경우(거주자가 양도일부터 소급하여 10년 이내에 그 배우자 또는 직계존비속으로부터 증여받은 자산을 양도할 경우) : 증여한 배우자 또는 직계존비속이 당해 자산을 취득한 날부터 그 자산의 양도일까지 ③ 상속으로 취득하여 양도한 경우 : 상속개시일로부터 당해 자산의 양도일까지
적용배제	① 미등기양도자산의 경우 ② 보유기간이 3년 미만인 토지나 건물의 경우 ③ 국외 부동산의 경우

☞ 보유기간 및 거주기간별 공제율

① 1세대 1주택에 해당하는 경우로 보유기간 중 거주기간이 2년 이상인 경우

　적용율 : 보유기간별 공제율 + 거주기간별 공제율

보유기간 (연4% 증가)	공제율	거주기간 (연4% 증가)	공제율
3년 이상 4년 미만	100분의 12	2년 이상 3년 미만 (보유기간이 3년 이상에 한정함)	100분의 8
		3년 이상 4년 미만	100분의 12
4년 이상 5년 미만	100분의 16	4년 이상 5년 미만	100분의 16
…	…	…	…
10년 이상	100분의 40	10년 이상	100분의 40

◎ 예를 들어 1세대 1주택에 해당하고 등기되고 보유기간이 5년이고 거주기간도 5년인 경우에는 보유기간 공제율 100분의 20(20%)과 거주기간 공제율 100분의 20(20%)을 합산한 공제율은 100분의 40(40%)을 적용한다.

② 일반적인 경우(1세대 1주택에 해당하는 경우는 제외)

보유기간 (연2% 증가)	공제율
3년 이상 4년 미만	100분의 6
4년 이상 5년 미만	100분의 8
…	…
15년 이상	100분의 30

(2) 양도소득금액의 구분계산

양도소득금액은 다음의 소득금액별로 구분하여 계산한다.

양도소득금액의 구분계산	양도소득금액은 다음의 소득금액별로 각각 구분하여 계산한다. [1그룹] ① 토지 또는 건물, 부동산에 관한 권리, 기타자산의 양도소득금액 [2그룹] ② 주식 및 출자지분(주식 등)의 양도소득금액 [3그룹] ③ 파생상품 등의 양도소득금액 [4그룹] ④ 신탁의 이익을 받을 권리의 양도소득금액 *소득금액을 계산함에 있어서 발생하는 양도차손 또는 결손금은 같은 그룹의 소득금액과는 통산하지만, 다른 그룹의 소득금액과 통산하지 아니한다. 예를 들어 토지의 양도차손은 부동산에 관한 권리인 지상권 등의 양도소득금액과는 통산하여 계산하지만, 토지의 양도차손은 다른 소득금액인 주식 및 출자지분(주식 등)의 양도소득금액과는 통산하지 아니한다. 또한 통산 후의 양도차손 또는 결손금은 다음 연도로 이월하여 공제하지 아니한다.

(3) 양도소득금액계산의 특례

1) 배우자 또는 직계존비속간의 증여재산에 대한 이월과세

양도일부터 소급하여 10년 이내에 그 배우자 또는 직계존비속으로부터 증여받은 토지, 건물, 부동산을 취득할 수 있는 권리 및 특정시설물이용권·회원권의 양도차익을 계산함에 있어서 취득가액은 당해 자산을 증여한 배우자 또는 직계존비속의 취득당시를 기준으로 계산하며, 이혼 등으로 양도시 부부관계가 소멸(단, 사망으로 소멸한 경우는 제외)한 경우에도 이를 적용하며, 수증자가 부담한 증여세액상당액은 필요경비에 산입하고, 증여자의 연대납세의무는 없고 증여받는 자(수증자)가 양도소득세 납세의무를 진다. 이를 배우자 또는 직계존비속간의 증여재산에 대한 이월과세라 한다.

다만, 다음의 경우에는 이월과세를 적용하지 아니한다.

> ① 이월과세를 적용할 경우 1세대 1주택(양도소득세 비과세에서 제외되는 고가주택 포함)의 양도에 해당하는 경우
> ② 이월과세를 적용하여 계산한 양도소득 결정세액이 이월과세를 적용하지 아니하고 계산한 양도소득 결정세액보다 적은 경우
> ③ 거주자가 사업인정고시일로부터 소급하여 2년 이전에 배우자 또는 직계존비속으로부터 증여받은 경우로서 공익사업을 위한 토지 등의 취득 및 보상에 관한 법률에 따라 협의매수 또는 수용된 경우

2) 부당행위계산의 부인

① 고가양수 · 저가양도의 부인

특수관계인과의 거래에 있어서 시가를 초과하여 취득하거나 시가에 미달하게 양도함으로써 조세부담을 부당히 감소시킨 것으로 인정되는 때에는 취득가액 또는 양도가액을 시가에 의하여 계산한다. 단, 시가와 거래가액의 차액이 3억원 이상이거나 시가의 100분의 5에 상당하는 금액 이상인 경우에 한하여 이를 적용한다. 이 경우 시가란 「상속세 및 증여세법」을 준용하여 불특정다수인 사이에 자유로이 거래가 이루어지는 경우 통상 성립된다고 인정되는 가액을 말한다.

② 증여 후 양도행위의 부인

양도소득에 대한 소득세를 부당하게 감소시키기 위하여 특수관계인(배우자나 직계존비속의 이월과세는 제외)에게 자산을 증여한 후 그 자산을 증여받은 자가 그 증여

일로부터 10년 내에 다시 이를 타인에게 양도하는 경우 수증자가 부담한 증여세액과 양도소득세액의 합계액이 증여자가 직접 양도하였다고 가정할 경우의 양도소득세액보다 적은 경우에는 당초 증여자가 그 자산을 직접 타인에게 양도한 것으로 본다. 이러한 직접양도로 보는 경우에는 수증자에게 증여세를 과세하지 아니한다. 다만, 수증자는 증여자와 양도소득세 연대납세의무가 있다.

❸ 양도소득 과세표준의 계산

(1) 양도소득 과세표준 = 양도소득금액 − 양도소득기본공제

(2) 양도소득기본공제

구 분	내 용
적용요건	양도소득이 있는 거주자. 즉, 모든 양도자산(미등기 양도자산은 제외)에 적용
양도소득 기본공제액	양도자산별로 공제하지 아니하고 다음의 소득금액별로 당해 연도의 양도소득금액에서 각각 연 250만원을 한도로 공제한다. [1그룹] ① 토지, 건물, 부동산에 관한 권리, 기타자산의 양도소득금액 [2그룹] ② 주식 및 출자지분(주식 등)의 양도소득금액 [3그룹] ③ 파생상품 등의 양도소득금액 [4그룹] ④ 신탁의 이익을 받을 권리의 양도소득금액
적용배제	미등기 양도자산
기본공제 적용	감면소득금액이 있는 때에는 당해 감면소득금액 외의 양도소득금액에서 먼저 공제하고, 감면소득금액 외의 양도소득금액 중에서는 당해 연도 중 먼저 양도한 자산의 양도소득금액에서부터 순차로 공제한다.

예제

다음은 소득세법령상 양도소득 과세표준계산시 장기보유특별공제와 양도소득기본공제에 대한 설명이다. 옳은 것은?

① 장기보유특별공제는 등기되고 보유기간이 3년 이상인 토지(비사업용 토지도 포함)·건물에 대하여만 적용한다.

② 장기보유특별공제액은 해당 자산의 취득가액에 보유기간 및 거주기간별 공제율을 곱하여 계산한 금액으로 한다.

③ 장기보유특별공제 계산시 해당 자산의 보유기간은 그 자산의 취득일부터 양도일까지로 하지만 「소득세법」 제97조 제4항에 따른 배우자 또는 직계존비속간 증여재산에 대한 이월과세가 적용되는 경우에는 증여한 배우자 또는 직계존비속이 해당 자산을 취득한 날부터 기산한다.

④ 양도소득기본공제는 신청을 요건으로 하지 아니하며 미등기자산을 제외한 모든 양도자산에 대하여 자산별로 각각 연 250만원을 한도로 공제한다.

⑤ 법원의 결정 또는 법률이 규정에 의하여 양도당시 취득에 관한 등기가 불가능한 부동산에 대하여는 장기보유특별공제 및 양도소득기본공제가 적용되지 아니한다.

Solution ③

① 장기보유특별공제는 등기되고 보유기간이 3년 이상인 토지(비사업용 토지도 포함)·건물 및 조합원입주권(다른 조합원으로부터 취득은 제외)에 대하여 적용한다. 다만, 미등기양도자산은 원칙적으로 제외한다.

② 장기보유특별공제액은 해당 자산의 양도차익(조합원입주권을 양도하는 경우에는 관리처분계획인가전 주택분의 양도차익으로 한정)에 보유기간 공제율 및 거주기간별 공제율을 곱하여 계산한 금액으로 한다.

④ 양도소득기본공제는 미등기자산을 제외한 모든 양도자산에 대하여 소득금액별(㉠ 토지, 건물, 부동산에 관한 권리 및 기타자산의 양도소득금액 ㉡ 주식 및 출자지분(주식 등)의 양도소득금액 ㉢ 파생상품 등의 양도소득금액 ㉣ 신탁의 이익을 받을 권리의 양도소득금액)로 각각 연 250만원을 한도로 공제한다.

⑤ 법원의 결정 또는 법률의 규정에 의하여 양도당시 취득에 관한 등기가 불가능한 부동산에 대하여는 미등기 양도자산으로 보지 아니하므로 장기보유특별공제 및 양도소득기본공제가 적용된다.

④ 양도소득세 산출세액 계산

양도소득세는 해당 과세기간의 양도소득 과세표준에 해당 세율을 적용하여 계산한 금액(산출세액)으로 한다. 이 경우 하나의 자산이 둘 이상의 세율에 해당할 때에는 해당 세율을 적용하여 계산한 양도소득 산출세액 중 큰 것을 그 세액으로 한다.

> 양도소득 산출세액 = 양도소득 과세표준 × 양도소득세율

(1) 일반적인 양도소득세율

양도자산의 종류, 등기 여부, 보유기간 및 과세표준의 크기에 따라 차등비례세율 및 초과누진세율을 적용한다.

1) 주택 및 조합원입주권을 제외한 토지, 건물 및 부동산에 관한 권리(토지나 상가 등)

등기여부 및 보유기간		양도소득세 세율
미등기 양도		100분의 70(70%)
등기	1년 미만 보유	100분의 50(50%)
	1년 이상 ~ 2년 미만 보유	100분의 40(40%)
	2년 이상 보유	과세표준의 크기에 따라 100분의 6(6%) ~ 100분의 45(45%)까지 초과누진세율(= 기본세율)

2) 주택 및 조합원입주권 · 분양권

등기여부 및 보유기간		주택 및 조합원입주권	분양권
미등기 양도		100분의 70(70%)	-
등기	1년 미만 보유	100분의 70(70%)	100분의 70(70%)
	1년 이상 ~ 2년 미만 보유	100분의 60(60%)	100분의 60(60%)
	2년 이상 보유	과세표준의 크기에 따라 초과누진세율(= 기본세율)	100분의 60(60%)

- 과세표준의 크기에 따라

100분의 6(6%) ~ 100분의 45(45%)까지 초과누진세율(기본세율)적용

과세표준	양도소득세 세율
1천 400만원 이하	과세표준의 6%
1천 400만원 초과 5,000만원 이하	84만원 + 1,400만원 초과금액의 15%
5,000만원 초과 8천 800만원 이하	624만원 + 5,000만원 초과금액의 24%
8천 800만원 초과 1억 5,000만원 이하	1천 536만원 + 8,800만원 초과금액의 35%
1억 5,000만원 초과 3억원 이하	3천 706만원 + 1억 5,000만원 초과금액의 38%
3억원 초과 5억원 이하	9천 406만원 + 3억원 초과금액의 40%
5억원 초과 10억원 이하	1억 7천 406만원 + 5억원 초과금액의 42%
10억원 초과	3억 8천 406만원 + 10억원 초과금액의 45%

3) 비사업용 토지

기본세율(6% ~ 45%까지 초과누진세율) + 10% = 16% ~ 55%까지 초과누진세율

원칙적으로 보유기간 상관없이 과세표준크기에 따라 100분의 16(16%) ~ 100분의 55(55%)까지 초과누진세율을 적용한다.

즉, 기본세율에 10%를 가산하여 적용한다.

과세표준	양도소득세 세율
1천 400만원 이하	과세표준의 16%
1천 400만원 초과 5,000만원 이하	224만원 + 1,400만원 초과금액의 25%
5,000만원 초과 8천 800만원 이하	1,124만원 + 5,000만원 초과금액의 34%
8천 800만원 초과 1억 5,000만원 이하	2천 416만원 + 8,800만원 초과금액의 45%
1억 5,000만원 초과 3억원 이하	5천 206만원 + 1억 5,000만원 초과금액의 48%
3억원 초과 5억원 이하	1억 2천 406만원 + 3억원 초과금액의 50%
5억원 초과 10억원 이하	2억 2천 406만원 + 5억원 초과금액의 52%
10억원 초과	4억 8천 406만원 + 10억원 초과금액의 55%

(2) 세율 적용 시 보유기간

세율 적용 시 보유기간은 당해 자산의 취득일부터 양도일까지로 한다.

다만, 다음의 경우에는 보유기간 계산시 피상속인 또는 최초 증여자의 취득일부터 양도일까지로 한다.

① 상속받은 자산은 피상속인이 당해 자산을 취득한 날

② 10년 내 배우자 또는 직계존비속으로부터 증여받은 자산에 대한 이월과세의 경우는 당초 증여자가 당해 자산을 취득한 날

(3) 미등기 양도자산

토지·건물 및 부동산에 관한 권리를 취득한 자가 그 자산에 관한 등기를 하지 아니하고 양도하는 것을 말한다.

미등기양도 자산에 대한 불이익	· 비과세·감면의 적용 배제 · 장기보유특별공제 적용 배제 · 양도소득기본공제 적용 배제 · 양도소득 과세표준에 최고세율인 100분의 70(70%)의 세율 적용 · 필요경비개산공제시 저율 적용(미등기 부동산의 경우 1천분의 3을 적용)
미등기양도 자산에서 제외되는 자산	· 장기할부조건으로 취득한 자산으로 계약조건에 의하여 양도당시까지 취득에 관한 등기가 불가능한 경우 · 법률의 규정 또는 법원의 결정에 의하여 양도 당시까지 취득에 관한 등기가 불가능한 경우 · 비과세대상이 되는 1세대 1주택으로서 건축법에 의한 건축허가를 받지 아니하여 등기가 불가능한 경우 · 도시개발법에 의한 도시개발사업이 종료되지 아니하여 토지 취득등기를 하지 아니하고 양도하는 토지 · 건설업자가 공사용역대가로 취득한 체비지를 토지구획환지처분공고 전에 양도하는 토지

📝 미등기 양도자산에서 제외되는 자산의 경우에는 요건에 해당되는 경우 장기보유특별공제 및 양도소득기본공제가 적용되며, 세율도 등기된 경우의 세율을 적용하며 비과세 및 감면규정도 적용한다.

예제

「소득세법령」상 거주자의 양도소득세에 관한 설명으로 옳은 것은? (단, 국내 소재 자산을 양도한 경우임)

① 보유기간이 10개월인 「소득세법」에 따른 분양권의 양도시 양도소득과세표준에 적용되는 세율은 100분의 50으로 한다.

② 세율을 적용 시 보유기간은 상속받은 자산은 상속인이 당해 자산을 취득한 날로부터 양도일까지로 한다.

③ 토지의 양도로 발생한 양도차손은 동일한 과세기간에 전세권의 양도로 발생한 양도소득금액에서 공제할 수 없다.

④ 「도시개발법」에 따른 도시개발사업이 종료되지 아니하여 토지 취득등기를 하지 아니하고 양도하는 토지는 양도소득세 비과세가 배제되는 미등기양도자산에 해당하지 않는다.

⑤ 양도소득과세표준에 세율을 적용함에 있어서 하나의 자산이 둘 이상의 세율에 해당할 때에는 해당 세율을 적용하여 계산한 양도소득 산출세액 중 적은 것을 그 세액으로 한다.

Solution ④

① 보유기간이 1년 미만인 「소득세법」에 따른 분양권의 양도시 양도소득과세표준에 적용되는 세율은 100분의 70으로 한다.

② 세율을 적용 시 보유기간은 상속받은 자산은 피상속인이 당해 자산을 취득한 날로부터 상속인이 양도일까지로 한다.

③ 토지, 건물, 부동산에 관한 권리, 기타자산의 양도차손과 양도소득금액은 서로 통산하여 양도소득금액을 계산한다. 따라서 토지의 양도로 발생한 양도차손은 동일한 과세기간에 전세권의 양도로 발생한 양도소득금액에서 공제할 수 있다.

⑤ 양도소득과세표준에 세율을 적용함에 있어서 하나의 자산이 둘 이상의 세율에 해당할 때에는 해당 세율을 적용하여 계산한 양도소득 산출세액 중 큰 것을 그 세액으로 한다.

제5절 양도소득세 부과·징수

1 원칙 : 신고납부

(1) 양도소득 과세표준의 예정신고와 자진납부

1) 예정신고기한

① 예정신고대상

양도소득세 과세대상의 자산 및 권리를 양도한 자

(당해 자산의 양도차익이 없거나 양도차손이 발생한 경우 포함)

② 토지, 건물, 부동산에 관한 권리 및 기타자산의 예정신고기한

양도일이 속하는 달의 말일부터 2개월 이내.

다만, 토지거래계약허가에서 허가를 받기 전에 대금을 청산한 경우에는 그 허가일
(토지거래계약허가를 받기전에 허가구역의 지정이 해제된 경우에는 그 해제일)이 속하는
달의 말일로부터 2개월 이내

③ 부담부증여의 채무액에 해당하는 부분으로서 양도로 보는 경우

그 양도일이 속하는 달의 말일로부터 3개월 이내

☞ 예정신고납부세액공제는 적용되지 아니하며, 다만, 예정신고 및 납부를 하지 아니한 때에는
가산세가 적용된다.

2) 자진납부

예정신고기한까지 납부(물납은 허용하지 아니함)하여야 하며, 납부세액이 1천만원을
초과시는 납부기한까지 분납신청 하여 납부기한 지난 후 2개월 이내에 일부를
분할납부할 수 있다.

3) 납세지

① 거주자인 경우 : 양도소득자의 주소지(불분명 시에는 거소지)

② 비거주자의 경우 : 국내사업장의 소재지

4) 예정신고 산출세액 계산

양도차익에서 장기보유특별공제와 양도소득기본공제를 차감한 양도소득과세표준
에 양도소득세율을 적용하여 산출세액을 계산한다.

다만, 해당 과세기간에 누진세율 적용대상자산에 대한 예정신고를 2회 이상 하는 경우로서 거주자가 이미 신고한 양도소득금액과 합산하여 신고하는 경우에는 다음의 계산식에 따라 계산한 금액을 제2회 이후 신고하는 예정신고 산출세액으로 한다.

$$\text{예정신고 산출세액} = \left\{ \left(\text{이미 신고한 양도소득금액} + \text{제2회 이후신고하는 양도소득금액} \right) - \text{양도소득 기본공제액} \right\} \times \text{초과 누진세율} - \text{이미 신고한 예정신고 산출세액}$$

(2) 양도소득 과세표준의 확정신고와 자진납부

구 분	내 용
확정 신고	(1) 확정신고대상 　당해 연도의 양도소득금액이 있는 거주자 다만, 당해 연도의 과세표준이 없거나 결손금액이 있는 때에도 원칙적으로 확정신고를 하여야 한다. 단, 결손금액은 다음 연도 소득에서 이월하여 공제하지는 않는다. (2) 확정신고기한 　양도일이 속하는 당해 연도의 다음 연도 5월 1일부터 5월 31일까지 다만, 토지거래계약허가를 받기 전에 대금을 청산한 경에는 허가일(토지거래계약허가를 받기전에 허가구역의 지정이 해제된 경우에는 그 해제일)이 속하는 과세기간의 다음 연도 5월 1일부터 5월 31일까지 (3) 확정신고의 생략 　예정신고를 한 자는 확정신고를 하지 아니할 수 있다. 다만, 당해 연도에 누진세율의 적용대상자산에 대한 예정신고를 2회 이상 하는 다음의 경우에는 확정신고를 하여야 한다. 　　① 예정신고를 2회 이상 한 자가 이미 신고한 양도소득금액과 합산하여 신고하지 아니한 경우 　　② 2회 이상 양도한 경우로서 양도소득기본공제를 적용할 경우 당초 신고한 양도소득산출세액이 달라지는 경우
자진 납부	확정신고를 할 때에는 확정신고 납부세액을 납부하여야 한다.
가산세 배제	확정신고납부시에도 확정신고납부의무를 이행하지 아니한 경우에는 원칙적으로 가산세를 적용한다. 다만, 예정신고와 관련하여 무신고나 납부지연 가산세가 부과되는 경우에는 그 부분에 대하여 확정신고와 관련한 무신고나 납부지연에 대한 가산세는 다시 부과되지 아니한다.

(3) 양도소득세 비과세·감면의 사후관리 미충족시 과세표준 신고

사유가 발생한 날이 속하는 달의 말일부터 2개월 이내에 신고하여야 한다.

❷ 가산세

(1) 일반가산세

신고나 납부의무를 이행하지 아니하는 경우에는 다음과 같은 가산세가 적용되는 바, 이러한 가산세는 원칙적으로 예정신고 및 확정신고시에 적용한다.

신고 관련 가산세	무신고가산세	납부세액의 100분의 20(부정무신고 : 100분의 40)
	과소신고가산세	과소신고분세액의 100분의 10(부정과소신고 : 100분의 40)
	납부지연 가산세	① 납부하지 아니한 세액 또는 과소납부분 세액에 1일 이자율 100,000분의 22를 적용 또는 초과환급받은 세액에 1일 이자율 100,000분의 22를 적용 ② 국세를 납세고지서에 따른 납부기한까지 완납하지 아니한 경우 납부하지 아니한 세액 또는 과소납부분 세액의 100분의 3을 적용

다만, 예정신고납부와 관련하여 가산세가 부과되는 경우에는 그 부분에 대하여 확정신고납부와 관련된 가산세를 다시 부과하지 아니한다.

(2) 환산가액 적용에 따른 가산세

신축 또는 증축(바닥면적 합계가 85㎡를 초과하는 경우에 한정)하고 취득일 또는 증축일로부터 그 건물을 5년 이내 양도하는 경우로서 감정가액 또는 환산취득가액을 취득가액으로 사용하는 경우에는 해당 건물에 대한 감정가액 또는 환산취득가액의 100분의 5에 해당하는 금액을 양도소득 결정세액에 더한다. 이러한 가산세는 양도소득 산출세액이 없는 경우에도 적용된다.

(3) 가산세 감면

① 세법에 따른 예정신고기한 및 중간신고기한까지 예정신고 및 중간신고를 하였으나 과소신고하거나 초과신고한 경우로서 확정신고기한까지 과세표준을 수정하여 신고한 경우 : 과소신고가산세의 100분의 50에 상당하는 금액을 감면한다.

② 세법에 따른 예정신고기한 및 중간신고기한까지 예정신고 및 중간신고를 하지 아니하였으나 확정신고기한까지 과세표준신고를 한 경우 : 무신고가산세의 100분의 50에 상당하는 금액을 감면한다.

3 결정 및 경정 및 부가세, 납세지, 징수와 환급

결정·경정	① 결정 : 예정신고 또는 확정신고를 하지 아니한 때 ② 경정 : 예정신고 또는 확정신고내용에 탈루 또는 오류가 있는 것이 발견된 때
추계 결정·경정 가액	① 토지 또는 건물의 양도로 실지거래가액에 의하여 신고의무자가 예정신고 또는 확정신고를 하지 아니한 경우 「부동산등기법」에 따라 등기부에 기재된 거래가액(등기부기재가액)을 실지거래가액으로 추정하여 세액을 결정할 수 있다. ② 실지거래가액에 의하여 예정신고 또는 확정신고를 한 경우로서 당해 신고가액이 사실과 달라 납세지관할세무서장이 실지거래가액을 확인한 때에는 그 확인된 가액으로 세액을 경정한다. ③ 결정 또는 경정에 있어서 실지거래가액을 인정 또는 확인할 수 없는 경우에는 매매사례가액, 감정가액, 환산가액 또는 기준시가 등에 의하여 추계조사하여 결정 또는 경정 할 수 있다.
부가세	농어촌특별세 : 감면세액의 100분의 20
납세지	· 거주자인 경우 : 양도소득자의 주소지 또는 거소지 · 비거주자인 경우 : 국내사업장 소재지
양도소득세 징수와 환급	① 납세지 관할 세무서장은 거주자가 해당 과세기간의 양도소득세로 납부하여야 할 세액의 전부 또는 일부를 납부하지 아니한 경우에는 그 미납된 부분의 양도소득세액을 「국세징수법」에 따라 징수한다. ② 납세지 관할 세무서장은 양도소득과세표준과 세액을 결정 또는 경정한 경우 양도소득 총결정세액이 이미 납부한 확정신고세액을 초과할 때에는 그 초과하는 세액을 해당 거주자에게 알린 날부터 30일 이내에 징수한다. ② 납세지 관할 세무서장은 과세기간별로 이미 납부한 확정신고세액이 양도소득 총결정세액을 초과할 때에는 그 초과하는 세액을 환급하거나 다른 국세 및 강제징수비에 충당하여야 한다.

☞ 양도소득세 납세의무자가 있는 자는 별도로 구분 계산하여 개인지방소득세 납세의무가 있다.

❹ 양도소득세 분할납부(예정신고 및 확정신고 모두 적용)

분납	분납 요건	예정신고 또는 확정신고시에 납부세액이 1천만원을 초과하는 자는 예정신고 기한 또는 확정신고기한까지 분납 신청하여 일부를 분납할 수 있다.	
	분납 기한	납부할 세액의 일부를 납부기한 지난 후 2개월 이내	
	분납 금액	납부할 세액이 2천만원 이하인 때	1천만원을 초과하는 금액
		납부할 세액이 2천만원을 초과하는 때	그 세액의 100분의 50 이하의 금액

📝양도소득세 물납규정은 어떠한 경우라도 적용하지 아니한다.

예제

소득세법상 거주자의 양도소득 과세표준 계산에 관한 설명으로 옳은 것은?

① 양도소득금액을 계산할 때 분양권 등의 부동산을 취득할 수 있는 권리에서 발생한 양도차손은 토지나 건물 등에서 발생한 양도소득금액에서 공제할 수 없다.

② 양도차익을 실지거래가액에 의하는 경우 양도가액에서 공제할 취득가액은 그 자산에 대한 감가상각비로서 각 과세기간의 사업소득금액을 계산하는 경우 필요경비에 산입한 금액이 있을 때에는 이를 공제하지 않은 금액으로 한다.

③ 세법에 따른 예정신고기한 및 중간신고기한까지 예정신고 및 중간신고를 하지 아니하였으나 확정신고기한까지 과세표준신고를 한 경우에는 무신고가산세의 100분의 50에 상당하는 금액을 감면한다.

④ 당해 연도에 양도한 부동산에서 발생한 양도차손은 다음 연도부터 5년 이내에 양도하는 부동산의 양도소득금액에서 이월하여 공제받을 수 있다.

⑤ 지출한 자본적 지출액은 그 지출에 관한 증명서류를 수취·보관하지 않고 실제 지출사실이 금융거래 증명서류에 의하여 확인되지 않는 경우에도 양도차익 계산시 양도가액에서 필요경비로 공제할 수 있다.

Solution ③

① 양도소득금액을 계산할 때 분양권 등 부동산을 취득할 수 있는 권리에서 발생한 양도차손은 토지나 건물 등에서 발생한 양도소득금액에서 공제할 수 있다.
즉, 양도소득금액은 다음의 소득금액별로 구분하여 계산하고, 각 소득금액을 계산할 때 발생하는 결손금은 다른 소득금액과 통산하지 아니한다.
㉠ 토지·건물 및 부동산에 관한 권리와 기타자산의 양도소득금액
㉡ 주식 및 출자지분(주식 등)의 양도소득금액
㉢ 파생상품 등의 양도소득금액
㉣ 신탁의 이익을 받을 권리의 양도소득금액

② 양도차익을 실지거래가액에 의하는 경우 양도가액에서 공제할 취득가액은 그 자산에 대한 감가상각비로서 각 과세기간의 사업소득금액을 계산하는 경우 필요경비에 산입한 금액 또는 산입할 금액이 있을 때에는 이를 공제한 금액으로 한다.

④ 당해 연도에 양도한 부동산에서 발생한 양도차손은 다음의 과세기간의 양도하는 부동산의 양도소득금액에서 이월하여 공제받을 수 없다. 즉, 양도차손 또는 결손금은 이월공제가 적용되지 않는다.

⑤ 지출한 자본적 지출액은 그 지출에 관한 증명서류를 수취·보관하거나 수취·보관하지 않더라도 실제 지출사실이 금융거래 증명서류에 의하여 확인된 경우에는 양도차익 계산시 양도가액에서 필요경비로 공제할 수 있다.

❺ 국외 자산에 대한 양도소득세

납세의무자	국외 자산의 양도일까지 계속하여 5년 이상 국내에 주소 또는 거소를 둔 거주자	
외화환산	양도가액이나 취득가액 등의 필요경비를 수령하거나 지출한 날 현재 「외국환거래법」에 의한 기준환율 또는 재정환율 적용	
양도소득세 납부세액 계산	양도소득세 계산구조	국내자산 계산구조 준용한다. 단, 장기보유특별공제는 적용배제한다.
	양도가액	양도당시 실지거래가액, 불분명시는 양도당시의 시가
	필요경비	실지 취득가액(단, 불분명시는 취득당시의 시가) 자본적 지출액 등, 양도비용 단, 필요경비개산공제는 적용하지 아니한다.
	장기보유 특별공제	적용하지 아니한다.
	양도소득 기본공제	소득금액별로 해당 과세기간의 양도소득금액에서 각각 연 250만원을 한도로 공제한다.
	세율	**토지, 건물 및 부동산에 관한 권리** : 보유기간이나 등기여부에 관계없이 과세표준크기에 따라 100분의 6(6%) ~ 100분의 45(45%)의 초과누진세율 적용한다.
	외국 납부세액	필요경비로 산입하거나 산출세액에서 공제하는 방법(세액공제법)중 선택 적용한다.
	외화 차입금의 환차익	국외에서 외화를 차입하여 국외자산을 취득한 경우 환율변동으로 인하여 외화차입금으로부터 발생한 환차익은 양도소득의 범위에서 제외한다.

예제

1. 다음은 소득세법령상 양도소득세에 대한 설명이다. 틀린 것은?

① 양도가액 또는 취득가액을 실지거래가액에 따라 정하는 경우로서 장부나 그 밖의 증명서류에 의하여 해당 자산의 양도당시 또는 취득당시의 실지거래가액을 인정 또는 확인할 수 없는 경우에는 양도가액 또는 취득가액을 매매사례가액, 감정가액, 환산가액 또는 기준시가 등에 따라 추계하여 결정 또는 경정할 수 있다.

② 예정신고납부를 할 때 납부할 세액은 양도차익에서 장기보유특별공제와 양도소득기본공제를 한 과세표준에 해당 양도소득세율을 적용하여 계산한 금액을 그 산출세액으로 한다.

③ 예정신고를 한 자는 확정신고를 하지 아니할 수 있다. 다만, 당해 연도에 누진세율의 적용대상자산에 대한 예정신고를 2회 이상 한 자가 이미 신고한 양도소득금액과 합산하여 신고하지 아니한 경우에는 확정신고를 하여야 한다.

④ 양도소득세 과세대상인 부동산을 양도한 거주자는 부담부증여의 채무액을 양도로 보는 경우 그 양도일이 속하는 달의 말일로부터 3개월 이내에 예정신고를 하여야 한다.

⑤ 국외 자산을 양도시 납세의무자는 해당 자산의 양도일까지 계속하여 5년 이상 국내에 주소 또는 거소를 둔 거주자이며, 양도소득 과세표준 계산시 장기보유특별공제 및 양도소득기본공제를 적용한다.

Solution ⑤

> 국외 자산을 양도시 납세의무자는 해당 자산의 양도일까지 계속하여 5년 이상 국내에 주소 또는 거소를 둔 거주자이며, 양도소득 과세표준 계산시 장기보유특별공제는 적용 배제하고, 양도소득기본공제는 적용한다.

2. 소득세법령상 거주자가 2025년에 양도한 국외자산의 양도소득세에 관한 설명으로 틀린 것은? (단, 거주자는 해당 국외자산 양도일까지 계속 5년 이상 국내에 주소를 두고 있으며, 국외 외화차입에 의한 취득은 일부 있음)

① 국외에서 외화를 차입하여 국외자산을 취득한 경우 환율변동으로 인하여 외화차입금으로부터 발생한 환차익은 양도소득의 범위에서 제외한다.

② 국외 부동산을 양도하여 발생한 양도차손은 동일한 과세기간에 국내 부동산을 양도하여 발생한 양도소득금액에서 통산할 수 있다.

③ 국외 양도자산이 부동산임차권인 경우 등기여부와 관계없이 양도소득세가 과세된다.

④ 국외자산의 양도가액은 그 자산의 양도 당시의 실지거래가액으로 한다. 다만, 양

도 당시의 실지거래가액을 확인할 수 없는 경우에는 양도자산이 소재하는 국가의 양도 당시 현황을 반영한 시가에 따르되, 시가를 산정하기 어려울 때에는 그 자산의 종류, 규모, 거래상황 등을 고려하여 대통령령으로 정하는 방법에 따른다.

⑤ 국외자산의 양도소득에 대하여 해당 외국에서 과세를 하는 경우에 그 양도소득에 대하여 대통령령으로 정하는 국외자산 양도소득에 대한 세액을 납부하였거나 납부할 것이 있을 때에는 그 세액을 해당 과세기간의 산출세액에서 공제하거나 필요경비에 산입할 수 있다.

Solution ②

② 국외 부동산을 양도하여 발생한 양도차손은 동일한 과세기간에 국외 부동산을 양도하여 발생한 양도소득금액에서는 통산할 수 있으나, 국내 부동산을 양도하여 발생한 양도소득금액에서는 통산할 수 없다.

③ 부동산임차권의 경우 국내 자산의 경우에는 등기된 부동산임차권의 경우에만 양도소득세 과세대상이다. 그러나 국외 양도자산이 부동산임차권인 경우 등기여부와 관계없이 양도소득세가 과세된다.

제6절 | 양도소득세 비과세

① 1세대 1주택의 비과세

1세대가 양도일 현재 국내에 1주택을 보유하고 있는 경우로서 보유기간(당해 주택의 취득일로부터 양도일까지)이 2년 이상인 경우에는 양도소득세를 비과세 적용한다. 다만, 주택법에 따른 취득 당시 조정대상지역에 있는 주택의 경우에는 2년 이상 보유기간 중에 2년 이상 거주하여야 한다.

(1) 1세대의 요건

1) 원칙

거주자 및 배우자(법률상 이혼을 하였으나 생계를 같이 하는 등 사실상 이혼한 것으로 보기 어려운 관계에 있는 사람을 포함)가 그들과 동일한 주소 또는 거소에서 생계를 같이 하는 가족과 함께 구성하는 세대(취학, 질병의 요양, 근무상 형편 또는 사업상 형편으로 일시 퇴거자 포함)를 말한다.

2) 예외

다음의 경우에는 배우자가 없는 때에도 1세대로 본다.

> ① 거주자의 연령이 30세 이상인 경우
> ② 배우자가 사망하거나 이혼한 경우
> ③ 소득이 기준중위소득의 100분의 40 수준 이상으로서 소유하고 있는 주택 또는 토지를 관리유지 하면서 독립된 생계를 유지할 수 있는 경우. 다만, 미성년자의 경우 제외

☞ 비과세되는 1세대 1주택에 있어서 부부가 각각 단독세대를 구성하였을 경우에도 동일한 세대로 본다.

(2) 1주택의 요건

양도일 현재 국내에 1주택이어야 하며 상시 주거용 건물로서 건물정착면적의 5배(수도권내의 토지 중 주거지역·상업지역 및 공업지역 내의 토지는 3배, 도시지역밖은 10배) 이내의 딸린 토지를 포함하여 비과세를 적용한다.

〈주택의 범위〉

> 1. 사실상 용도에 따라 판단(허가나 등기여부에 무관)한다.
> 2. 별장이나 오피스텔, 관광용 숙박시설인 콘도미니엄은 주택에 해당되지 아니한다.

3. 부수토지를 분할 양도하는 경우에 양도하는 토지는 주택의 부수토지로 보지 아니한다.

4. 1주택을 2 이상의 주택으로 분할 양도하는 경우에 먼저 양도하는 부분은 1세대 1주택으로 보지 아니한다.

5. 1주택을 여러 사람이 공동으로 소유하는 경우에도 각각 개개인이 1주택을 소유하고 있는 것으로 본다. 다만, 공동상속주택은 상속지분이 가장 큰 상속인의 주택으로 본다.

6. 1세대 1주택의 비과세 요건을 갖춘 대지와 건물을 동일한 세대 구성원이 각각 소유하고 있을 경우에는 이를 1세대 1주택으로 본다.

7. 소유하고 있던 공부상 주택인 1세대 1주택을 거주용이 아닌 영업용 건물(점포 등)로 사용하다가 양도하는 경우에는 1세대 1주택으로 보지 아니한다.

1) 겸용주택

1주택에서 주거와 주거 외의 용도로 함께 사용하고 있는 경우로 다음과 같이 적용한다.

① 주택연면적 > 비주택 연면적 : 주택으로 본다.

② 주택연면적 ≤ 비주택 연면적 : 주거용으로 사용되는 부분만 주택으로 본다. 이때 부수토지는 건물면적비율로 각각 안분계산한다.

㉠ 주택의 부수토지 : 총토지면적 × $\dfrac{주택면적}{건물면적}$

㉡ 비과세되는 주택의 부수토지 : 한도

ⓐ 도시지역 중 수도권내의 주거지역·상업지역 및 공업지역 내의 토지 : 주택 정착면적의 3배 이내

ⓑ 그 밖의 토지 : 5배 이내(도시지역 밖의 토지는 10배 이내)

2) 1세대 1주택 비과세 배제인 고가주택

양도당시 실지거래 양도가액의 합계액이 12억원을 초과하는 주택으로 1세대 1주택에 해당되는 경우에도 비과세 규정을 적용하지 아니한다.

(3) 양도당시 1세대 2주택임에도 1세대 1주택의 비과세 특례 적용

1) 일시적인 2주택의 경우

국내에 1주택을 소유한 1세대가 그 주택을 양도하기 전에 다른 주택(신규주택이라 함)을 취득(자기가 건설하여 취득한 경우 포함)함으로써 일시적으로 2주택이 된 경우 종전의 주택을 취득한 날부터 1년 이상이 지난 후 신규주택을 취득하고 그 신규

주택을 취득한 날부터 3년 이내에 종전의 주택을 양도하는 경우에는 이를 1세대 1주택으로 보아 비과세 규정을 적용한다.

2) 상속으로 인한 2주택의 경우

상속받은 주택과 그 밖의 주택(일반주택)을 국내에 각각 1개씩 소유하고 있는 1세대가 일반주택을 양도하는 경우에는 국내에 1개의 주택을 소유하고 있는 것으로 보아 비과세 규정을 적용한다.

☞ 상속주택을 먼저 양도 시는 1세대 2주택의 양도로 보고 과세를 적용한다.

3) 직계존속의 동거봉양을 위한 일시적인 2주택의 경우

1주택을 보유하고 1세대를 구성하는 자가 1주택을 보유하고 있는 60세 이상의 직계존속(단, 배우자의 직계존속을 포함하며 직계존속 중 어느 한사람이 60세 미만인 경우에도 포함)을 동거봉양하기 위하여 세대를 합침으로써 1세대가 2주택을 보유하게 되는 경우 세대를 합친 날부터 10년 이내에 먼저 양도하는 주택은 이를 1세대 1주택으로 보아 비과세규정을 적용한다.

4) 혼인으로 인한 일시적인 2주택의 경우

1주택을 보유하는 자가 1주택을 보유하는 자와 혼인함으로써 1세대가 2주택을 보유하게 되는 경우 그 혼인한 날부터 10년 이내에 먼저 양도하는 주택은 이를 1세대 1주택으로 보아 비과세규정을 적용한다.

5) 농어촌주택 소유에 관한 특례

농어촌주택과 그 밖의 주택(일반주택)을 국내에 각각 1개씩 소유하고 있는 1세대가 일반주택을 양도하는 경우에는 국내에 1개의 주택을 소유하고 있는 것으로 보아 비과세 규정을 적용한다.

〈농어촌주택〉

수도권 외의 지역 중 읍지역 또는 면지역에 소재하는 주택으로 상속받은 주택(피상속인이 5년 이상 거주), 이농주택(이농일까지 5년 이상 거주), 귀농주택(영농목적 등으로 읍·면소재 주택 취득)
*귀농으로 인하여 세대전원이 농어촌주택으로 이사하는 경우에는 귀농주택을 취득한 날로부터 5년 이내에 일반주택(귀농 후 최초로 양도하는 1개의 일반주택에 한함)을 양도하는 경우 1세대 1주택 비과세규정을 적용한다.

6) 실수요 목적으로 취득한 지방주택에 대한 특례

기획재정부령으로 정하는 취학 등 부득이한 사유로 취득한 수도권 밖에 소재하는 주택과 그 밖의 일반주택을 국내에서 각각 1개씩 소유하고 있는 1세대가 부득이한 사유가 해소된 날로부터 3년 이내에 일반주택을 양도하는 경우에는 국내에 1개의 주택을 소유하고 있는 것으로 보아 1세대 1주택 비과세 여부를 판정한다.

(4) 보유기간 및 거주기간의 요건

1세대 1주택으로 비과세되려면 2년 이상 보유(단, 조정대상지역내 주택은 2년 이상 보유하고 2년 이상 거주)하여야 한다. 이 경우 보유기간의 계산은 해당 주택의 취득일부터 양도일까지로 한다. 다만, 거주기간 또는 보유기간을 계산할 때 다음의 기간을 통산한다.

> ① 거주하거나 보유하는 중에 소실·무너짐·노후 등으로 인하여 멸실되어 재건축한 주택인 경우에는 그 멸실된 주택과 재건축한 주택에 대한 거주기간 및 보유기간
> ② 상속받은 주택으로서 상속인과 피상속인이 상속개시 당시 동일세대인 경우에는 상속개시 전에 상속인과 피상속인이 동일세대로서 보유한 기간

단, 다음의 어느 하나에 해당하는 경우에는 그 보유기간 및 거주기간의 제한을 받지 아니한다.

보유기간 및 거주기간 제한을 받지않는 경우	① 건설임대주택의 임차일부터 당해 주택의 양도일까지의 거주기간이 5년 이상인 경우 ② 법률에 의한 협의매수·수용되는 경우(양도일 또는 수용일로부터 5년 이내에 타인에게 양도하는 그 잔존주택 및 그 부수토지를 포함) ③ 해외이주로 세대전원이 출국하는 경우. 　다만, 출국일 현재 1주택을 보유하고 있는 경우로서 출국일부터 2년 이내에 양도하는 경우에 한한다. ④ 1년 이상 계속하여 국외거주를 필요로 하는 취학 또는 근무상의 형편으로 세대전원이 출국하는 경우. 　다만, 출국일 현재 1주택을 보유하고 있는 경우로서 출국일부터 2년 이내에 양도하는 경우에 한한다. ⑤ 1년 이상 거주한 주택을 취학(고등학교 이상), 근무상 형편, 장기적인 질병의 요양 기타 부득이한 사유로 다른 시·군으로 이사하기 위하여 양도하는 경우 *1년 이상 보유(×), 사업상 형편(×), 다른 읍·면으로 이사(×)

(5) 1세대 1주택 비과세가 배제되는 고가주택

1) 고가주택

실지거래 양도가액이 12억원을 초과하는 주택

2) 1세대 1주택 비과세요건을 갖춘 고가주택인 경우 양도소득금액 계산

① 1세대 1주택 고가주택에 해당하는 자산에 적용할 양도차익

$$\cdot \quad \begin{array}{c}\text{전체양도차익 5억}\\ \text{(= 양도가액 15억 - 필요경비 10억)}\end{array} \times \frac{\text{양도가액 15억 - 12억}}{\text{양도가액 15억}} = 1억원$$

② 1세대 1주택 고가주택에 해당하는 자산에 적용할 장기보유특별공제

$$\cdot \quad \begin{array}{c}\text{전체장기보유특별공제액 2억원}\\ \text{(= 양도차익 5억 × 40\%*)}\end{array} \times \frac{\text{양도가액 15억 - 12억}}{\text{양도가액 15억}} = 4천만원$$

*등기되고 5년이상 6년 미만 보유하고 동기간동안 거주한 것으로 가정함

③ 1세대 1주택 고가주택에 해당하는 자산의 양도소득금액

① 양도차익 1억원 - ② 장기보유특별공제 4천만원 = 6천만원

(6) 다가구주택

① 가구별로 각각 양도한 경우에는 한 가구가 독립하여 거주할 수 있도록 구획된 부분을 각각 하나의 주택으로 본다.

② 가구별로 분양하지 않고 당해 다가구주택을 하나의 매매단위로 하여 양도하는 경우에는 이를 단독주택으로 본다.

🔸 예제 🔸

1. 「소득세법령」상 1세대 1주택자인 거주자 甲이 2025년 양도한 국내 소재 A주택(조정대상지역이 아니며 등기됨)에 대한 양도소득과세표준은? (단, 2025년에 A주택 외 양도한 자산은 없으며, 법령에 따른 적격증명서류를 수취·보관하고 있고 주어진 조건 이외에는 고려하지 않음)

구분	기준시가	실지거래가액
양도시	18억원	25억원
취득시	13억 5천만원	19억 5천만원
추가사항	○ 양도비 및 자본적 지출액 : 5천만원 ○ 보유기간 및 거주기간 : 각각 5년 ○ 장기보유특별공제율 : 보유기간별 공제율과 거주기간별 공제율은 각각 20%	

① 153,500,000원
② 156,000,000원
③ 195,500,000원
④ 260,000,000원
⑤ 500,000,000원

Solution ①

1. 1세대란 거주자 및 그 배우자가 그들과 동일한 주소 또는 거소에서 생계를 같이하는 가족과 함께 구성하는 세대를 말하며 부부가 각각 단독세대를 구성하는 경우에도 동일한 세대로 본다.1. 1세대 1주택 비과세요건을 충족한 고가주택에 대한 양도소득과세표준을 계산하는 경우에는 「소득세법」 제95조 제1항에 따른 전체 양도차익에 양도가액에서 12억원을 차감한 금액이 양도가액에서 차지하는 비율을 곱하여 산출한 세액에서 해당하는 장기보유특별공제와 양도소득기본공제를 차감하여 계산하여야 한다.

2. 양도소득 과세표준 계산

(1) 전체 양도차익 : 양도가액 25억원 − 필요경비 20억원(취득가액 19억 5천만원 + 양도비 및 자본적 지출액 5천만원) = 5억원

(2) 고가주택분 양도차익 :

$$\text{전체 양도차익 5억원} \times \frac{\text{양도가액 25억 원} - 12\text{억 원}}{\text{양도가액 25억 원}} = 2\text{억 6천만원}$$

(3) 고가주택분 장기보유특별공제액 :

고가주택분 양도차익 2억 6천만원 × 공제율 40%* = 1억 4백만원

*공제율 : 보유기간 공제율 20%(5년 보유) + 거주기간 공제율 20%(5년 거주) = 40%

(4) 양도소득금액 :

고가주택분 양도차익 2억 6천만원 − 고가주택분 장기보유특별공제액 1억 400만원

= 1억 5천 6백만원

(5) 양도소득 과세표준 :

　　양도소득금액 1억 5천 6백만원- 양도소득기본공제 2백 5십만원= 1억 5천 3백 5십만원

2. 다음은 소득세법령상 1세대 1주택에 대한 비과세요건에 대한 설명이다. 틀린 것은?

① 1주택을 여러 사람이 공동으로 소유한 경우 특별한 규정이 있는 경우를 제외하고는 주택 수를 계산할 때 공동소유자 각자가 그 주택을 소유한 것으로 본다.

② 1세대란 거주자 및 그 배우자가 그들과 동일한 주소 또는 거소에서 생계를 같이하는 가족과 함께 구성하는 세대를 말하며 부부가 각각 단독세대를 구성하는 경우에는 각각 세대로 본다.

③ 1주택을 보유하는 자가 1주택을 보유하는 자와 혼인함으로써 1세대가 2주택을 보유하게 되는 경우 그 혼인한 날부터 10년 이내에 먼저 양도하는 주택은 이를 1세대 1주택으로 보아 비과세규정을 적용한다.

④ 국내에 1주택과 국외에 1주택을 함께 보유하다가 국내에 소재하는 주택을 양도하는 경우에는 1세대 1주택으로 보고 비과세를 적용받을 수 있다.

⑤ 임대주택법에 의한 건설임대주택을 취득하여 양도하는 경우로서 당해 건설임대주택의 임차일로부터 당해 주택의 양도일까지 거주기간이 5년 이상인 경우는 그 보유기간 및 거주기간의 제한을 받지 아니한다.

Solution ②

1세대란 거주자 및 그 배우자가 그들과 동일한 주소 또는 거소에서 생계를 같이하는 가족과 함께 구성하는 세대를 말하며 부부가 각각 단독세대를 구성하는 경우에도 동일한 세대로 본다.

❷ 농지의 교환 · 분합의 비과세

농지	① 농지의 정의 : 논밭이나 과수원으로서 지적공부의 지목과 관계없이 실제로 경작에 사용되는 토지를 말하며, 농지의 경영에 직접 필요한 농막, 퇴비사, 양수장, 지소(池沼), 농도(農道) 및 수로(水路) 등에 사용되는 토지를 말한다. ② 농지의 판정 : 사실상 현황에 의하며 사실상의 현황이 분명하지 아니한 경우에는 공부상의 등재현황에 의한다.. ③ 비사업용 토지의 범위 : 법률에 따른 녹지지역 및 개발제한구역에 있는 농지는 비사업용토지에 해당하지 아니한다.
요건충족	· 경작상 필요에 의하여 교환, 분합 등 · 가액기준 : 쌍방 토지가액의 차액 ≦ 가액이 큰 편의 4분의 1
사후관리	농지 취득 후 농지 소재지에서 3년 이상 거주하면서 경작 필요
비과세 배제	① 양도일 현재 특별시, 광역시 또는 시지역에 있는 농지 중 주거지역 · 상업지역 또는 공업지역 안의 농지로서 이들 지역에 편입된 날로부터 3년이 지난 농지 ② 당해 농지에 대하여 환지처분 이전에 농지 외의 토지로 환지예정지의 지정이 있는 경우로서 그 환지예정지 지정일로부터 3년이 지난 농지

❸ 법원의 파산선고에 의한 처분의 비과세

파산선고에 의한 처분으로 발생하는 소득에 대해서는 양도소득세를 과세하지 아니한다.

❹ 지적재조사사업 과정에서 토지소유자가 지급받는 조정금

지적재조사에 관한 특별법에 따른 경계의 확정으로 지적공부상의 면적이 감소되어 지급받는 조정금은 양도소득세를 과세하지 아니한다.

❺ 거래가액 불성실신고에 대한 불이익

토지 · 건물 · 부동산에 관한 권리의 자산을 매매하는 거래당사자가 매매계약서의 거래가액을 실지거래가액과 다르게 적은 경우에는 해당 자산에 대하여 소득세법 또는 소득세법 외의 법률에 따른 양도소득세의 비과세 또는 감면에 관한 규정을 적용할 때 비과세 또는 감면받았거나 받을 세액에서 다음의 구분에 따른 금액을 뺀다.

(1) 법률에 따른 양도소득세의 비과세에 관한 규정을 적용받을 경우

비과세에 관한 규정을 적용하지 아니하였을 경우의 양도소득 산출세액과 매매계약서의 거래가액과 실지거래가액과의 차액 중 적은 금액

> [비과세 받았거나 받을 세액] (−) 적은 금액 [비과세에 관한 규정을 적용하지 아니하였을 경우의 양도소득세 산출세액과 매매계약서의 거래가액과 실지거래가액과의 차액 중 적은 금액]

(2) 법률에 따른 양도소득세의 감면에 관한 규정을 적용받았거나 받을 경우

감면에 관한 규정을 적용받았거나 받을 경우의 해당 감면세액과 매매계약서의 거래가액과 실지거래가액과의 차액 중 적은 금액

> [감면에 관한 규정을 적용받았거나 받을 경우의 해당 감면세액] (−) [감면에 관한 규정을 적용받았거나 받을 경우의 해당 감면세액과 매매계약서의 거래가액과 실지거래가액과의 차액 중 적은 금액]

예제

소득세법상 양도소득세 비과세대상인 1세대 1주택을 거주자 갑(甲)이 특수관계 없는 을(乙)에게 다음과 같이 양도한 경우, 양도소득세의 비과세에 관한 규정을 적용할 때 비과세 받았거나 받을 세액에서 뺄 금액은 얼마인가?

> ㉠ 매매(양도)계약 체결일 : 2025년 7월 10일
> ㉡ 매매(양도)계약서상의 거래가액 : 3억 2천만원
> ㉢ 양도시 시가 및 실지거래가액 : 3억원
> ㉣ 갑(甲)의 주택에 양도소득세 비과세에 관한 규정을 적용하지 않을 경우 양도소득 산출세액 : 3천만원

① 0원   ② 1천만원   ③ 2천만원
④ 3천만원   ⑤ 5천만원

Solution ③

부동산 및 부동산에 관한 권리를 매매하는 거래당사자가 매매계약서의 거래가액을 실지거래가액과 다르게 적은 경우에는 해당 자산에 대하여 양도소득세의 비과세 규정을 적용할 때 비과세 받았거나 받을 세액에서

(1) 비과세에 관한 규정을 적용하지 아니하였을 경우의 양도소득 산출세액 3천만원과

(2) 매매계약서의 거래가액과 실지거래가액과의 차액 2천만원 (=3억 2천만원 – 3억원) 중 적은 금액 2천만원을 뺀다.

·비과세 받았거나 받을 세액 3천만원 – 적은 금액 2천만원(산출세액 3천만원과 차액 2천만원) = 비과세 받을 수 있는 최대금액 1천만원

제7절 부동산관련 사업소득

1 부동산임대업인 사업소득

(1) 부동산임대업의 범위

당해 연도에 발생한 다음의 소득을 말한다.

> ① 부동산(미등기 부동산 포함) 또는 부동산상의 권리(전세권 및 임차권 등)의 대여로 인하여 발생하는 소득
> ② 묘지를 개발하여 분묘기지권을 설정하고 분묘설치자로부터 지료 등을 받는 경우
> ③ 자기 소유의 부동산을 타인의 담보물로 사용하게 하고 받는 소득
> ④ 공장재단 또는 광업재단의 대여로 인하여 발생하는 소득

> ▷ 공익사업과 관련하여 지상권 및 지역권의 설정 및 대여로 인한 소득은 부동산임대업인 사업소득이 아닌 기타소득에 해당한다.

(2) 비과세 부동산임대업의 사업소득

1) 농지인 전·답의 작물재배로 대여소득

2) 1개의 주택을 소유하는 자의 주택임대소득(고가주택의 임대소득은 제외)

다만, 국외에 소재하는 주택의 임대소득 및 고가주택*의 임대로 인한 소득은 주택 수에 관계없이 과세한다.

> ▷ 비과세 배제되는 고가주택 : 과세기간 종료일 또는 양도일 현재 기준시가가 12억원을 초과하는 주택

3) 주택의 임대로 해당 과세기간에 총수입금액의 합계액이 2천만원 이하인 자의 주택임대소득은 다음과 같이 ①과 ②중 선택 적용할 수 있다.

① 분리과세를 적용하기 전의 종합소득 결정세액

② 다음의 세액을 더한 금액(분리과세세액) : ㉠+㉡

　㉠ {분리과세 주택임대소득 - 400만원(주택임대미등록의 경우에는 200만원) } × 14%

　㉡ 분리과세 주택임대소득 이외의 종합소득 결정세액

(3) 주택수 계산

① 다가구주택은 1개의 주택으로 보되, 구분등기 된 경우에는 각각을 1개의 주택으로 계산한다.

② 공동소유주택은 지분이 가장 큰 사람의 소유로 계산함을 원칙으로 한다. 단, 지분이 가장 큰 사람이 2인 이상인 경우로서 그들이 합의하여 그들 중 1인을 해당 주택의 임대수입의 귀속자로 정한 경우에는 그의 소유로 계산한다.

③ 본인과 배우자가 각각 주택을 소유하는 경우에는 이를 합산한다.

④ 임차 또는 전세받은 주택을 전대하거나 전전세 하는 경우에는 당해 임차 또는 전세받은 주택을 임차인 또는 전세받은 자의 주택으로 계산한다.

(4) 임대소득의 수입시기

① 계약 또는 관습에 의하여 지급일이 정해진 경우 : 그 정해진 날

② 계약 또는 관습에 의하여 지급일이 정해지지 않는 경우 : 그 지급을 받은 날

(5) 부동산임대업의 총수입금액의 계산

· 총수입금액 = 임대료 + 간주임대료 + 보험차익 + 관리비수입*
*관리비수입 : 실제로 납부하는 전기료·수도료 등 공공요금은 제외

1) 임대료(월세총액)

부동산을 임대하고 수입하는 임대료는 부동산임대소득의 총수입금액에 산입한다.

$$\cdot\ \text{선세금(先貰金)의 해당연도의 총수입금액} = \text{선세금} \times \frac{\text{해당 과세기간의 임대기간의 월수}}{\text{계약기간의 임대월수}}$$

2) 간주임대료

부동산 또는 그 부동산상의 권리 등을 대여하고 보증금·전세금 등을 받은 경우 그 보증금·전세금 등에 국세청장이 고시하는 이자율을 곱하여 계산한 일정한 금액으로서 상가나 토지 등을 대여하고 보증금 등을 받은 경우에는 무조건 적용하지만 주택은 3주택(주거의 용도로만 쓰이는 면적이 1호 또는 1세대당 40㎡ 이하인 주택으로서 해당 과세기간의 기준시가가 2억원 이하인 주택은 주택수에서 제외)이상을 소유하고 해당 주택의 보증금·전세금 등의 합계액이 3억원을 초과하는 경우에만 적용한다.

장부를 기장한 사업자의 주거용건물을 제외한 부동산(토지나 상가 등)의 임대한 경우 간주임대료는 다음의 산식에 의한다.

$$\begin{aligned}&\text{총수입}\\&\text{금액에}\\&\text{산입할}\\&\text{금액}\end{aligned}=\left(\begin{aligned}&\text{해당}\\&\text{과세기간의}\\&\text{보증금 등의}\\&\text{적수}\end{aligned}-\begin{aligned}&\text{임대용}\\&\text{부동산의}\\&\text{건설비}\\&\text{상당액의}\\&\text{적수}\end{aligned}\right)\times\begin{aligned}&1/365\\&\text{(윤년의}\\&\text{경우}\\&366)\end{aligned}\times\begin{aligned}&\text{정기}\\&\text{예금}\\&\text{이자율}\end{aligned}-\begin{aligned}&\text{해당 과세기간의}\\&\text{해당 임대사업부분에서}\\&\text{발생한 수입이자와 할인료}\\&\text{및 수입배당금의 합계액}\end{aligned}$$

다만, 장부를 기장한 사업자의 주거용 건물을 임대한 경우 간주임대료는 다음의 산식에 의한다.

$$\begin{aligned}&\text{총수입}\\&\text{금액에}\\&\text{산입할}\\&\text{금액}\end{aligned}=\left(\begin{aligned}&\text{해당}\\&\text{과세기간}\\&\text{의보증금}\\&\text{등}\end{aligned}-\text{3억원*}\right)\begin{aligned}&\text{의}\\&\text{적수}\end{aligned}\times60\%\times\begin{aligned}&1/365\\&\text{(윤년의}\\&\text{경우}\\&366)\end{aligned}\times\begin{aligned}&\text{정기}\\&\text{예금}\\&\text{이자율}\end{aligned}-\begin{aligned}&\text{해당 과세기간의}\\&\text{해당 임대사업부분에서}\\&\text{발생한 수입이자와}\\&\text{할인료 및}\\&\text{수입배당금의 합계액}\end{aligned}$$

☞ 보증금을 받은 주택이 2주택 이상인 경우에는 3억원을 보증금의 적수가 가장 큰 주택의 보증금부터 순차적으로 뺀다.

3) 보험차익

부동산임대업의 소득이 있는 거주자가 당해 사업용 자산의 손실로 인하여 취득하는 보험차익은 총수입금액에 산입한다.

4) 관리비수입

사업자가 부동산을 임대하고 임대료 외에 유지비와 관리비 명목으로 지급받은 금액이 있는 경우에는 이를 부동산임대로 인한 사업소득의 총수입금액에 산입한다. 이 경우 전기료, 수도료 등의 공공요금은 총수입금액에 산입하지 아니한다.

다만, 전기료 등 공공요금으로 지급받은 금액이 실제 공공요금으로 납부한 금액을 초과한 경우에는 그 초과금액은 총수입금액에 산입한다.

(6) 필요경비

필요경비에 산입할 금액은 해당 과세기간의 총수입금액에 대응하는 비용으로서 일반적으로 용인되는 통상적인 것의 합계액으로 한다.

☞ 부동산임대로 인한 사업소득에 대한 과세는 사업자등록 여부와 관계없이 적용한다.

(7) 결손금의 공제여부

부동산임대업에서 발생한 결손금은 그 과세기간의 종합소득과세표준을 계산할 때

공제하지 아니한다. 다만, 주거용 건물 임대업에서 발생한 결손금은 그 과세기간의 종합소득과세표준을 계산할 때 다른 종합소득금액에서 이를 공제한다.

(8) 기타 사항

① 사업소득에 부동산임대업에서 발생한 소득이 포함되어 있는 사업자는 그 소득별로 구분하여 회계처리 하여야 한다.

② 해당 과세기간에 분리과세 주택임대소득이 있는 거주자(종합소득과세표준이 없거나 결손금이 있는 거주자 포함)는 그 종합소득 과세표준을 그 과세기간의 다음 연도 5월 1일부터 5월 31일까지 신고하여야 한다.

─◆ 예제 ◆─

다음은 거주자 甲이 소유하고 있는 주거용 건물 임대에 관한 자료이다. 부동산임대업의 사업소득을 장부에 기장하여 신고하는 경우 2025년도 부동산임대업의 총수입금액은? (단, 법령에 따른 적격증명서류를 수취·보관하고 있으며, 주어진 조건 이외에는 고려하지 않음) (단위 : 원)

구분	보증금	월세	임대기간	주거전용면적(㎡)	기준시가
A주택	1억5천만원	5십만원	2025.1.1.~ 2026.12/31	70	4억원
B주택	1억원	-	2025.1.1.~ 2026.12/31	60	3억원
C주택	3억5천만원	100만원	2025.1.1.~ 2026.12/31	110	6억원

- 추가자료

1. 소득세법시행규칙에서 정하는 정기예금이자율은 3%로 가정한다.

2. A주택의 보증금 운영수익은 수입이자와 할인료 1,000,000원이고, C주택의 보증금 운영수익은 유가증권처분이익으로 300,000원이고 다른 주택의 임대보증금의 운용수익은 없다.

3. 보증금을 받은 주택이 2주택 이상에 해당하므로 주택의 보증금적수가 가장 큰 주택의 보증금부터 순차적으로 차감한다.

① 18,000,000원　　　② 22,100,000원　　　③ 22,400,000원
④ 23,600,000원　　　⑤ 24,400,000원

Solution ③

1. 임대료(월세총액) :

 A주택 6,000,000원 + B주택 0원 + C주택 12,000,000원=18,000,000원

 ㉠ A주택 : 500,000원×12개월=6,000,000원

 ㉡ B주택 : 0원×12개월=0원

 ㉢ C주택 : 1,000,000원×12개월=12,000,000원

2. 간주임대료 : A주택 1,700,000원+B주택 1,800,000원+C주택 900,000원=4,400,000원

 ㉠ A주택 : $[\{(150,000,000원-0원)×365\}×60\%×\frac{1}{365}]$×정기예금이자율 3% – 임대사업 금융수익 1,000,000원=1,700,000원

 ㉡ B주택 : $[\{(100,000,000원-0원)×365\}×60\%×\frac{1}{365}]$×정기예금이자율 3% – 임대사업 금융수익 0원=1,800,000원

 ㉢ C주택 : $[\{(350,000,000원-300,000,000원)×365\}×60\%×\frac{1}{365}]$×정기예금이자율 3% – 임대사업 금융수익 0원=900,000원

 ▲유가증권처분이익 300,000원은 간주임대료에서 차감하는 금융수익은 아니다.

*별법 : $[\{(보중금 총액 6억원 – 3억원) × 365\} ×60\%×\frac{1}{365}]$×정기예금이자율 3%-임대사업 금융수익 1,000,000원=4,400,000원

3. 총수입금액 : 임대료 18,000,000원+간주임대료 4,400,000원+관리비수입 0원+보험차익 0원=22,400,000원

❷ 주택신축판매업(건설업)

① 1년에 1동의 주택을 신축하여 판매하는 경우

② 종전부터 소유하던 토지 위에 주택을 신축하여 판매하는 경우 등

❸ 부동산매매업인 사업소득

(1) 범위

① 부동산의 매매(건물신축판매 포함) 또는 그 중개를 사업소득으로 나타내어 부동산을 판매하거나, 사업상의 목적으로 부가가치세법상 1과세기간동안 부동산을 1회 이상 취득하고 2회 이상 판매하는 경우

② 자기 토지 위에 상가 등을 신축하여 제3자에게 토지와 건물을 양도하는 경우

③ 토지를 개발하여 주택지, 공업단지, 상가, 묘지 등으로 분할 판매하는 경우

(2) 부동산매매업자의 매매차익의 계산

① 원칙 : 실지거래가액에 의한다.

② 예외 : 실지거래가액을 확인할 수 없는 경우에는 기준시가를 적용한다.

(3) 예정신고기한

매매일이 속하는 달의 말일로부터 2월 이내

예제

소득세법령상 부동산임대 사업에 관한 설명 중 틀린 것은?

① 국내에 소재하는 논·밭을 작물 생산에 이용하게 함으로써 발생하는 사업소득은 소득세를 과세하지 아니한다.

② 주택을 대여하고 전세금·보증금 등을 받은 경우에는 간주임대료는 총수입금액에 산입하지 아니하나, 3주택(일부 소형주택은 제외)이상을 소유하고 보증금 등의 합계액이 3억원을 초과하는 경우에는 간주임대료를 사업소득금액을 계산할 때 총수입금액에 산입한다.

③ 부동산임대를 영위하는 사업자가 부동산을 임대하고 임대료 외에 유지비와 관리비 명목으로 지급받은 금액이 있는 경우에는 이를 총수입금액에 산입하지 아니한다.

④ 부동산임대업은 해당 과세기간에 발생한 소득으로 종합소득 중 사업소득으로 하여 과세하는 바, 이에는 부동산 및 부동산상의 권리(공익사업과 관련하여 지역권·지상권은 제외)의 대여로 인한 소득도 부동산임대업인 사업소득에 포함한다.

⑤ 소득세법상 거주자의 임대보증금에 대한 간주임대료를 계산하는 과정에서 금융수익을 차감할 때 그 금융수익은 수입이자와 할인료, 수입배당금으로 한다.

Solution ③

부동산임대를 영위하는 사업자가 부동산을 임대하고 임대료 외에 유지비와 관리비 명목으로 지급받은 금액이 있는 경우에는 전기료·수도료 등의 공공요금을 제외한 청소비·난방비 등은 부동산임대업에서 발생하는 소득의 총수입금액에 산입한다.

[중요 지문정리]

01. 소득세는 개인이 과세기간(원칙은 매년 1월 1일 ~ 매년 12월 31일까지)동안 얻은 소득에 대한 과세로 납세의무자가 다음 연도 5월 1일부터 5월 31일까지 과세표준 및 세액을 신고납부(확정신고납부)하는 국세이다.

02. 종합소득인 이자소득, 배당소득, 사업소득, 근로소득, 연금소득, 기타소득을 1년 단위로 합산하여 종합과세(종합소득세)를 원칙으로 한다. 다만, 퇴직소득과 양도소득은 종합소득에 합산하지 않고 그 종류별로 구분하여 별도로 구분계산 하여 과세하는 분류과세를 적용한다.

03. 거주자(국내에 주소를 두거나 국내에 183일 이상 거소를 한 자)는 국내 및 국외 모든 소득에 대하여 납세의무가 있다.

다만, 국외 토지 등 양도에 따른 양도소득세는 국외 토지 등 양도일까지 계속하여 국내에 5년 이상 주소 또는 거소를 한 자만 납세의무를 적용한다. 그리고 거주자가 아닌 비거주자는 국내에 소재하는 부동산 등 양도시 양도소득세 납세의무는 있지만, 국외에 소재하는 부동산 등의 양도로 인하여 발생한 소득에 대하여는 납세의무가 없다.

04. 거주자의 양도소득세 납세지는 양도자의 주소지로 한다. 다만, 주소지가 없는 경우에는 그 거소지로 한다. 그리고 비거주자의 납세지는 국내사업장의 소재지로 한다.

05. 공동사업에 관한 소득금액을 계산하는 경우에는 해당 공동사업자별로 각각 소득금액에 따른 소득세 납세의무를 진다. 다만, 주된 공동사업자에게 합산과세되는 경우 그 합산과세되는 소득금액에 대해서는 주된 공동사업자의 특수관계인은 손익분배비율에 해당하는 그의 소득금액을 한도로 주된 공동사업자와 연대하여 납세의무를 진다.

06. 피상속인의 소득금액에 대해서 과세하는 경우에는 그 상속인이 납세의무를 진다. 이 경우 피상속인의 소득금액에 대한 소득세로서 상속인에게 과세할 것과 상속인의 소득금액에 대한 소득세는 구분하여 계산하여야 한다.

07. 신탁재산에 귀속되는 소득은 그 신탁의 이익을 받을 수익자(수익자가 사망하는 경우에는 그 상속인)에게 귀속되는 것으로 본다. 다만, 수익자가 특별히 정하여지지 아니하거나 존재하지 아니하는 신탁 또는 위탁자가 신탁재산을 실질적으로 통제하는 등 대통령령으로 정하는 요건을 충족하는 신탁의 경우에는 그 신탁재산에 귀속되는 소득은 위탁자에게 귀속되는 것으로 본다.

08. 양도소득세 과세대상은 부동산(토지와 건물), 부동산에 관한 권리(등기되지 아니한 부동산 임차권은 제외), 사업에 사용하는 토지·건물 및 부동산에 관한 권리와 함께 양도하는 영업권, 특정시설물이용권·회원권·시설물 이용권이 부여된 주식, 토지·건물과 함께 양도하는 이축을 할 수 있는 권리(해당 이축권의 가액을 대통령령으로 정하는 방법에 따라 별도로 평가하여 신고하는 경우는 제외), 신탁의 이익을 받을 권리 등이다.

09. 건물이 완성되는 때에 그 건물과 이에 딸린 토지를 취득할 수 있는 권리(분양권, 조합원입주권 등)는 양도소득세 과세대상이지만, 행정관청으로부터 인가·허가·면허 등을 받음으로써 발생한 영업권의 단독양도로 인하여 발생하는 소득은 기타소득이다.

10. 부담부증여(배우자나 직계존비속간의 부담부증여는 제외)에 있어서 증여자의 채무를 수증자가 인수하는 경우에는 증여재산가액 중 그 채무액에 상당하는 부분은 그 자산이 사실상 유상으로 이전되는 것으로 본다.

11. 이혼자의 일방이 다른 일방에게 재산분할청구권을 청구함으로써 이혼당사자간에 부동산 등의 소유권이 이전되는 경우에는 양도에 해당되지 아니한다. 다만, 부부가 이혼시 위자료 지급에 갈음하여 소유하고 있던 부동산 등으로 소유권을 이전하는 경우에는 이를 양도로 본다.

12. 채무자가 채무의 변제를 담보하기 위하여 자산을 양도하는 계약을 체결한 경우에는 양도로 보지 아니한다. 다만, 양도담보의 요건을 위배하거나 채무불이행으로 인하여 해당 자산을 변제에 충당한 때에는 그 때에 이를 양도한 것으로 본다.

13. 도시개발법이나 그 밖의 법률에 따른 환지처분으로 지목 또는 지번이 변경되거나 보류지로 충당되는 경우에는 양도로 보지 아니한다. 또한 소유자산을 공매·경매로 인하여 자기가 부동산을 재취득하는 경우에도 양도로 보지 아니한다.

14. 부동산의 소유권이 타인에게 이전되었다가 매매원인무효 등 법원의 무효판결로 인하여 해당 자산의 소유권이 환원되는 경우에는 그 자산의 당초 취득일이 취득시기가 된다.

15. 부동산 등의 일반적인 매매 등의 경우에는 대금청산일이 확인되면 매매대금을 청산한 날이 양도 및 취득시기가 되며, 대금청산한 날이 분명하지 아니한 경우에는 소유권이전등기·등록접수일이 양도 및 취득시기이며, 증여는 증여받은 날(소유권이전등기접수일), 상속은 상속개시일을 취득시기로 본다.

16. 민법 제245조 제1항의 규정에 따른 점유에 의하여 부동산의 소유권을 취득하는 경우에는 당해 부동산의 점유를 개시한 날을 취득의 시기로 한다.

17. 환지처분으로 취득한 경우 소득세법상 취득시기는 환지 전의 토지의 취득일로 한다. 다만, 교부받은 토지의 면적이 환지처분에 의한 권리면적보다 증가 또는 감소된 경우에는 그 증가 또는 감소된 면적의 토지는 환지처분의 공고가 있은 날의 다음날로 한다.

18. 양도소득금액은 양도소득의 양도가액(총수입금액)에서 취득가액, 자본적 지출액, 양도비용의 필요경비를 공제한 양도차익에서 장기보유특별공제액을 공제한 금액으로 한다.

19. 자본적 지출액 등은 그 지출애 관한 법정 증명서류를 수취·보관하지 않더라도 실제 지출 사실이 금융거래 증명서류에 의하여 확인되는 경우에는 양도차익 계산시 양도가액에서 필요경비로 공제할 수 있다.

20. 「소득세법」상 거주자가 국내 소재 주택의 양도가액과 취득가액을 실지거래가액을 기준으로 양도차익을 산정하는 경우 양도 전 주택의 이용편의를 위한 방 확장공사비용(이로 인해 주택의 가치가 증가됨)은 양도가액에서 공제하는 자본적 지출액인 필요경비에 해당한다.

21. 양도가액 또는 취득가액을 실지거래가액에 따라 정하는 경우로서 장부나 그 밖의 증명서류에 의하여 해당 자산의 양도당시 또는 취득당시의 실지거래가액을 인정 또는 확인할 수 없는 경우에는 양도가액 또는 취득가액을 매매사례가액, 감정가액, 환산가액 또는 기준시가 등에 따라 추계하여 결정 또는 경정할 수 있다. 단, 환산가액은 취득가액을 추계시에만 이를 적용하고, 양도가액의 추계시에는 적용하지 아니한다.

22. 당초 약정에 의한 거래가액의 지급기일의 지연으로 인하여 추가로 발생하는 이자상당액, 취득대금에 필요한 대출금의 이자, 간접양도비용(이사비용 등), 수익적 지출액, 지출한 연도의 다른 소득금액(사업소득금액 등)의 계산에 있어서 필요경비에 산입하였거나 산입할 금액, 이미 부담한 상속세액이나 증여세액 등은 양도가액에서 차감하는 필요경비에 해당하지 아니한다.

23. 납세자가 토지와 건물 등을 함께 취득하거나 양도한 경우로서 양도소득의 계산을 위하여 자산별로 구분하여 기장한 가액이 자산별 기준시가 등에 따른 안분가액과 100분의 30 이상 차이가 나는 경우에는 기준시가 등을 고려하여 취득가액 또는 양도가액을 안분 계산한다.

24. 물가상승 등에 따른 납세자의 세부담을 경감하기 위하여 장기보유특별공제를 적용한다. 이때 적용 대상은 등기된 토지·건물(주택 포함)로서 보유기간이 3년 이상인 것 및 조합원입주권(조합원으로부터 취득한 것은 제외)에 대하여만 적용한다.

25. 동일 연도에 장기보유특별공제의 대상이 되는 자산을 수회 양도하는 경우도 공제요건에 해당하는 경우에는 자산별로 각각 양도차익에서 장기보유특별공제액을 공제한다.

26. 양도소득세가 과세되는 1세대 1주택으로 장기보유특별공제에 해당하는 경우 장기보유특별공제금액은 양도차익에 보유기간별 공제율과 거주기간별 공제율을 합산하여 곱한 금액으로 한다.

27. 양도소득기본공제는 소득금액{① 토지·건물·부동산에 관한 권리 및 기타자산의 양도소득금액, ② 주식 및 출자지분(주식 등)의 양도소득금액, ③ 파생상품 등의 양도소득금액, ④ 신탁의 이익을 받을 권리의 양도소득금액}별로 해당 과세기간의 양도소득금액에서 각각 연 250만원을 한도로 공제한다.

28. 양도소득기본공제를 적용시 공동으로 소유하는 자산을 양도하는 경우에는 소유지분별로 각각 양도소득세를 신고하기 때문에 공동소유자 각각 양도소득금액에서 연 250만원을 한도로 양도소득기본공제를 받을 수 있다.

29. 배우자 또는 직계존비속간 증여재산에 대한 이월과세의 규정을 적용받는 경우에 납세의무자는 수증자(증여 받은 자)이지만, 양도차익 계산시 취득가액을 당초 증여한 배우자나 직계존비속의 취득가액을 차감하여 양도차익을 계산하므로, 장기보유특별공제와 양도소득세 세율의 적용시 보유기간은 모두 당초 증여한 배우자나 직계존비속이 해당 자산을 취득한 날부터 기산한다.

30. 거주자가 특수관계인에게 자산을 증여한 후 그 자산을 증여받은 자가 그 증여일부터 10년 이내에 다시 타인에게 양도하여 증여자가 자산을 직접 양도한 것으로 보는 경우, 그 양도소득에 대해서는 증여자와 증여받은 자가 연대하여 납세의무를 진다.

31. 양도소득금액은 ① 토지 또는 건물 및 부동산에 관한 권리와 기타자산의 양도소득금액, ② 주식 및 출자지분(주식 등)의 양도소득금액, ③ 파생상품 등의 양도소득금액 및 ④ 신탁의 이익을 받을 권리의 양도소득금액을 각각 구분하여 계산하되, 각 소득금액을 계산할 때 발생하는 결손금은 다른 소득금액과 통산(합산)하지 아니한다.

32. 양도소득세는 해당 과세기간의 양도소득 과세표준에 해당 세율을 적용하여 계산한 금액(산출세액)으로 한다. 이 경우 하나의 자산이 둘 이상의 세율에 해당할 때에는 해당 세율을 적용하여 계산한 양도소득 산출세액 중 큰 것을 그 세액으로 한다.

33. 국내에 1주택을 소유한 1세대가 종전의 주택을 양도하기 전에 다른 주택을 취득(자기가 건설하여 취득한 경우를 포함)함으로써 일시적으로 2주택이 된 경우 종전의 주택을 취득한 날부터 1년 이상이 지난 후 다른 주택을 취득하고 그 다른 주택을 취득한 날부터 3년 이내에 종전의 주택을 양도하는 경우에는 이를 1세대 1주택으로 보아 비과세규정을 적용한다.

34. 거주 혹은 보유 중에 소실 등으로 인하여 멸실되어 재건축한 주택은 그 멸실된 주택과 재건축한 주택에 대한 기간을 통산하여 거주기간 또는 보유기간을 계산한다.

35. 임대주택법에 의한 건설임대주택을 취득하여 양도하는 경우로서 당해 건설임대주택의 임차일로부터 당해 주택의 양도일까지 거주기간이 5년 이상인 경우는 그 보유기간 및 거주기간의 제한을 받지 아니하고 1세대 1주택 비과세규정을 적용한다.

36. 1주택을 보유하는 자가 1주택을 보유하는 자와 혼인함으로써 1세대가 2주택을 보유하게 되는 경우 혼인한 날로부터 10년 이내에 먼저 양도하는 주택은 이를 1세대 1주택으로 보아 비과세규정을 적용한다.

37. 경작상의 필요에 의하여 농지를 교환하는 경우, 교환에 의하여 새로이 취득하는 농지를 3년 이상 농지소재지에서 거주하면서 경작하는 경우[새로운 농지의 취득후 3년 이내에 법령에 따라 수용 등이 되는 경우 포함]로서 교환하는 쌍방 토지가액의 차액이 가액이 큰 편의 4분의 1이하이면 농지의 교환으로 인하여 발생하는 소득에 대한 양도소득세를 비과세한다.

38. 다가구주택을 가구별로 분양하지 아니하고 당해 다가구주택을 하나의 매매단위로 하여 양도하는 경우에는 이를 단독주택의 양도로 본다. 그러나 가구별로 각각 양도한 경우에는 한 가구가 독립하여 거주할 수 있도록 구획된 부분을 각각 하나의 주택으로 본다.

39. 1세대 1주택 비과세대상에 배제되는 고가주택이란 양도당시 실지거래 양도가액의 합계액이 12억원을 초과하는 주택으로 1세대 1주택에 해당되는 경우에도 비과세 규정을 적용하지 아니한다.

40. 부동산(토지나 건물)을 양도한 거주자는 양도소득 과세표준을 자산의 양도일이 속하는 달의 말일로부터 2개월 이내에 납세지관할세무서장에게 예정신고 하여야 하며, 토지거래계약허가구역안에 있는 토지를 양도함에 있어서 토지거래계약허가를 받기 전에 대금을 청산한 경우에는 그 허가일(허가구역 지정이 해제된 경우에는 해제일)이 속하는 달의 말일부터 2개월 이내로 한다. 이러한 예정신고는 양도차익이 없거나 양도차손이 발생한 때에도 이를 적용한다.

41. 당해 연도에 누진세율의 적용대상 자산에 대한 예정신고를 2회 이상 한 자가 이미 신고한 양도소득금액과 합산하여 신고하지 아니한 경우 또는 토지, 건물, 부동산에 관한 권리 및 기타자산을 2회 이상 양도한 경우로서 당초 신고한 양도소득 산출세액이 달라지는 경우에는 확정신고를 하여야 한다.

42. 양도차익이 없거나 양도차손이 발생한 경우에도 양도소득 과세표준의 예정신고를 하여야 한다. 그리고 예정신고납부를 하는 경우 예정신고산출세액에서 감면세액을 빼고 수시부과 세액이 있을 때에는 이를 공제하여 납부한다.

43. 양도소득세는 물납을 허용되지 아니하나, 거주자로서 예정신고납부 또는 확정신고납부에 따라 납부할 세액이 각각 1천만원을 초과하는 자는 그 납부할 세액의 일부를 납부기한이 지난 후 2개월 이내에 분할납부할 수 있다.

44. 부당과소신고가산세는 과세표준 중 부당한 방법으로 과소신고한 과세표준에 상당하는 금액이 과세표준에서 차지하는 비율을 산출세액에 곱하여 계산한 금액의 100분의 40에 상당하는 금액으로 한다.

45. 세법에 따른 예정신고기한 및 중간신고기한까지 예정신고 및 중간신고를 하였으나 과소신고하거나 초과신고한 경우로서 확정신고기한까지 과세표준을 수정하여 신고한 경우에는 과소신고가산세의 100분의 50에 상당하는 금액을 감면한다.

46. 「소득세법」상 거주자가 국내 소재 부동산을 양도한 경우 1세대 1주택에 대한 비과세 규정을 적용함에 있어 하나의 건물이 주택과 주택 외의 부분으로 복합되어 있는 경우 주택의 연면적이 주택 외의 연면적보다 클 때에는 이를 주택으로 본다.

47. 법률의 규정, 법원의 결정에 의하여 양도당시 취득에 관한 등기가 불가능한 경우 또는 비과세요건을 충족한 1세대 1주택으로서 「건축법」에 의한 건축허가를 받지 아니하여 등기가 불가능한 주택은 미등기 양도자산으로 보지 아니하므로 장기보유특별공제 및 양도소득기본공제를 적용받을 수 있다.

48. 토지를 매매하는 거래당사자가 매매계약서의 거래가액을 실지거래가액과 다르게 적은 경우에는 해당 자산에 대하여 「소득세법」에 따른 양도소득세의 비과세에 관한 규정을 적용할 때, 비과세 받을 세액에서 '비과세에 관한 규정을 적용하지 아니하였을 경우의 양도소득산출세액'과 '매매계약서의 거래가액과 실지거래가액과의 차액' 중 적은 금액을 뺀다.

49. 국외 자산양도시 납세의무자는 해당 자산의 양도일까지 계속하여 5년 이상 국내에 주소 또는 거소를 둔 자이며, 양도소득 과세표준 계산시 장기보유특별공제는 적용을 배제하고, 양도소득기본공제는 적용한다.

50. 국외 토지 등의 양도소득에 대하여 해당 외국에서 과세를 하는 경우로서 법령이 정한 그 국외자산 양도소득세액을 납부하였거나 납부할 것이 있을 때에는 외국납부세액의 세액공제방법과 필요경비 산입방법 중 하나를 선택하여 적용할 수 있다.

51. 국외에서 외화를 차입하여 취득한 자산을 양도하여 발생하는 소득으로서 환율변동으로 인하여 외화차입금으로부터 발생하는 환차익을 포함하고 있는 경우에는 해당 환차익을 국외 자산 양도소득의 범위에서 제외한다.

52. 국외자산의 양도가액은 그 자산의 양도 당시의 실지거래가액으로 한다. 다만, 양도 당시의 실지거래가액을 확인할 수 없는 경우에는 양도자산이 소재하는 국가의 양도 당시 현황

을 반영한 시가에 따르되, 시가를 산정하기 어려울 때에는 그 자산의 종류, 규모, 거래상황 등을 고려하여 대통령령으로 정하는 방법에 따른다.

53. 1개의 주택을 소유하는 자의 주택임대소득(주택부수토지를 포함)은 부동산임대소득을 과세하지 아니한다. 이 경우 과세기간 종료일 또는 양도일 현재 주택과 부수토지의 기준시가가 12억원을 초과하는 주택 및 국외에 소재하는 주택의 임대소득은 비과세대상에서 제외한다.

54. 주택을 대여하고 보증금 등을 받은 경우에는 3주택(1호 또는 1세대당 40m² 이하이고 기준시가 2억인 이하인 일부 소형주택은 제외)이상을 소유한 자가 받은 주택임대보증금의 합계액이 3억원을 초과하는 경우, 그 보증금 등에 대하여 법령에서 정한 산식으로 계산한 금액을 총수입금액에 산입한다.

55. 주거용건물을 제외한 부동산임대로 인한 총수입금액에 산입할 일반적인 간주임대료는 다음과 같이 계산한다.

간주임대료 = (해당과세기간의 보증금 등의 적수 - 임대용부동산의 건설비상당액의 적수) × 1/365(윤년의 경우에는 1/366) × 정기예금이자율 - 해당과세기간의 해당 임대사업부분에서 발생한 수입이자와 할인료 및 수입배당금의 합계액으로 한다.

56. 부동산임대업에서 발생한 결손금은 그 과세기간의 종합소득과세표준을 계산할 때 공제하지 아니한다. 다만, 주거용 건물 임대업에서 발생한 결손금은 그 과세기간의 종합소득과세표준을 계산할 때 다른 종합소득금액에서 이를 공제한다.

57. 해당 과세기간의 종합소득금액이 있는 거주자(종합소득과세표준이 없거나 결손금이 있는 거주자를 포함한다)는 그 종합소득 과세표준을 그 과세기간의 다음 연도 5월 1일부터 5월 31일까지 대통령령으로 정하는 바에 따라 납세지 관할 세무서장에게 신고하여야 하며, 해당 과세기간에 분리과세 주택임대소득이 있는 경우에도 이를 적용한다.

58. 부동산의 매매(주거용 또는 비주거용 및 기타 건축물을 자영건설 하여 분양·판매하는 경우 포함) 또는 그 중개를 사업목적으로 나타내어 부동산을 판매하거나, 사업상의 목적으로 1과세기간 중에 1회 이상 부동산을 취득하고 2회 이상 판매하는 사업은 부동산매매업을 영위하는 것으로 본다.

〈저자 이 기 명〉

(현) 분당박문각행정고시학원 부동산세법 강의
천안박문각공인중개사학원 부동산세법 강의
안산박문각공인중개사학원 부동산세법 강의
청주박문각공인중개사학원 부동산세법 강의
대전박문각공인중개사학원 부동산세법 강의
병점박문각공인중개사학원 부동산세법 강의
구리박문각공인중개사학원 부동산세법 강의

(전) 방송대학TV(OUN방송) 강의
일자리방송TV 강의
토마토TV 강의
서울 노량진행정박문각고시학원 부동산세법 강의
평촌박문각 공인중개사 부동산세법 강의
혜천대학교 주택부동산행정과 강의
종로박문각행정고시학원 강의
파주새롬공인중개사학원 부동산세법 강의
대전(에듀윌)고시학원 부동산세법 강의
전주행정고시학원 공인중개사 부동산세법 강의
박문각에듀 공인중개사 부동산세법 대표강의 등

〈저서〉 부동산세법 기본서(박문각) 공동저자
공인중개사대비 실전모의고사(박문각)
공인중개사대비 기초입문서(박문각)
부동산세법 핵심요약
부동산세법특강자료
세법개론기본서(박문각)
문제 세법개론(박문각) 외 다수

제36회 공인중개사 시험대비 **전면개정판**

2025 박문각 공인중개사
이기명 핵심요약서 2차 부동산세법

초판인쇄 | 2024. 12. 15.　**초판발행** | 2024. 12. 20.　**편저** | 이기명 편저
발행인 | 박 용　**발행처** | (주)박문각출판　**등록** | 2015년 4월 29일 제2019-000137호
주소 | 06654 서울시 서초구 효령로 283 서경빌딩 4층　**팩스** | (02)584-2927
전화 | 교재 주문 (02)6466-7202, 동영상문의 (02)6466-7201

저자와의
협의하에
인지생략

정가 15,000원
ISBN 979-11-7262-464-4